新时代全民健身公共服务体系构建研究

唐湘琪　胡英姝　熊禄全　著

中国纺织出版社有限公司

内 容 提 要

本书对新时代全民健身公共服务体系构建进行了研究。以概述性的语言阐述了全民健身公共服务的基本内容，从城市、农村、学校等方面入手，介绍了新时代全民健身背景下公共体育服务的发展；对新时代全民健身公共服务内容体系变化进行了探究，论述了新时代全民健身公共服务供给机制，研究了新时代全民健身公共服务体系构建，重点介绍了新时代全民健身公共服务的典型案例，探索了新时代全民健身公共服务动力机制及未来展望。本书既可为公共服务建设者出谋划策，也可供全民健身工作的开展提供理论参考依据。

图书在版编目（CIP）数据

新时代全民健身公共服务体系构建研究 / 唐湘琪，胡英姝，熊禄全著. -- 北京 : 中国纺织出版社有限公司，2023. 8

ISBN 978-7-5229-0898-4

Ⅰ. ①新… Ⅱ. ①唐… ②胡… ③熊… Ⅲ. ①全民健身-公共服务-体系建设-研究-中国 Ⅳ. ①G812. 4

中国国家版本馆 CIP 数据核字（2023）第 162959 号

责任编辑：韩阳 郭婷 责任校对：王惠莹 责任印制：储志伟

中国纺织出版社有限公司出版发行
地址：北京市朝阳区百子湾东里 A407 号楼 邮政编码：100124
销售电话：010—67004422 传真：010—87155801
http://www.c-textilep.com
中国纺织出版社天猫旗舰店
官方微博 http://weibo.com/2119887771
天津千鹤文化传播有限公司印刷 各地新华书店经销
2023 年 8 月第 1 版第 1 次印刷
开本：710×1000 1/16 印张：8. 75
字数：160 千字 定价：88. 00 元

前言

进入21世纪之后，随着经济的迅猛发展，人们的生活压力逐渐增大，健康问题也越来越突出。在今后的很长一段时间里，健康问题将是社会广泛关注的热点。在“健康中国”的背景下，全民健身将成为一种流行。全民健身无论男女老少，为了保持身体健康，都应将健身运动摆在重要位置。全民健身的根本目标就是增强国民体质、提升国民健康水平。目前，全民健身已经在我国取得了理想效果，无论是学校，还是社区，都在如火如荼地开展全民健身运动。这对于促进人们的身心健康发展起到了不可忽视的作用。

随着时代的发展，我国社会的主要矛盾已经发生了转变，就群众体育领域而言，主要矛盾为人民群众日益增长的多元化体育需求与体育资源缺少之间的矛盾。从这方面看，我国要想切实贯彻全民健身理念，就必须重新审视全民健身，从我国具体国情出发，大力配置全民健身公共服务设施，为人们参加运动健身活动提供良好的保障。近年来，虽然我国已经将全民健身公共服务建设摆在了重要位置，但形式上仍然存在很多弊端，比如，针对性弱、形式单一等，无法满足广大人民群众的需求，亟须大力完善公共服务体系。全民健身公共服务体系的建设是一项复杂的工程，不仅需要考虑大众需求，还需要考虑地域、人口分布等问题。只有重视公共服务体系的建设，才能真正落实全民健身理念。

全民健身理念逐渐深入人心，健身队伍逐渐壮大，人们对公共服务设施的需求逐渐增大，与此同时，涉及全民健身公共服务体系构建的书籍也层出不穷。全民健身事关全民福祉，事关中华民族伟大复兴。构建更高水平的全民健身公共服务体系，是加快体育强国建设的重要基石。

本书对新时代全民健身公共服务体系构建进行了研究。以概述性的语言阐述了全民健身公共服务的基本内容；从城市、农村、学校等方面入手，介绍了新时代全民健身背景下公共体育服务的具体发展；对新时代全民健身公共服务内容体系变化进行了探究；论述了新时代全民健身公共服务供给机制；研究了新时代全民健身公共服务体系构建；重点介绍了新时代全民健身公共服务的典型案例；探索了新时代全民健身公共服务动力机制及未来展望。

全民健身是提高群众锻炼意识和增强身体素质的重要途径，能引导广大群众参与到健身活动中。目前，我国全民健身与“健康中国”战略的融合尚处于初级阶段，《新时代全民健身公共服务体系构建研究》正撰写于此时，以期能进一步促进全民健身和健康中国战略的发展。

本书在撰写过程中得到了众多学者的鼓励和支持，同时参考和借鉴了大量有关公共服务建设的书籍和资料，在此向有关专家和学者表示诚挚的感谢！由于新时代全民健身公共服务体系构建内容的丰富性和复杂性，加之作者对公共服务体系构建研究的深度和宽度有限，书中难免存在疏漏和不足之处，诚望广大读者批评指正。

著　者

2023 年 3 月

目 录

第一章　全民健身公共服务概述 …… 1

第一节　全民健身的背景与特征 …… 1
第二节　全民健身公共服务概念界定 …… 4
第三节　全民健身公共服务的内容与特征 …… 7
第四节　全民健身公共服务的作用与实施措施 …… 10

第二章　新时代全民健身背景下公共体育服务的发展 …… 17

第一节　新时代全民健身背景下城市公共体育服务的发展 …… 17
第二节　新时代全民健身背景下农村公共体育服务的发展 …… 23
第三节　新时代全民健身背景下学校公共体育服务的发展 …… 34

第三章　新时代全民健身公共服务内容体系变化研究 …… 41

第一节　全民健身公共服务发展理论与目标的转变 …… 41
第二节　全民健身公共服务基本特征与功能的变化 …… 46
第三节　全民健身公共服务体系发展环境的变迁 …… 49
第四节　全民健身公共服务体系建设的现状分析 …… 51

第四章　新时代全民健身公共服务供给机制研究 …… 59

第一节　全民健身公共服务现行供给机制及问题分析 …… 59
第二节　新时代全民健身公共服务供给机制的发展与完善 …… 65
第三节　新时代全民健身公共服务多元供给机制的构建 …… 72

第五章　新时代全民健身公共服务体系构建研究 …… 75

第一节　新时代全民健身公共服务设施体系建设 …… 75

第二节　新时代全民健身公共服务组织体系建设 …………………… 79
第三节　新时代全民健身公共信息服务体系建设 …………………… 82
第四节　新时代全民健身公共服务人才体系建设 …………………… 85
第五节　新时代全民健身公共服务运行与保障体系建设 ……………… 87
第六节　新时代全民健身公共服务评价体系建设 …………………… 91

第六章　新时代全民健身公共服务的国内外典型案例研究 ……………… 95

第一节　国内全民健身公共服务的典型案例 ………………………… 95
第二节　国外体育公共服务体系建设的经验及启示………………… 105

第七章　新时代全民健身公共服务动力机制及未来展望研究……………… 117

第一节　新时代全民健身公共服务动力机制研究………………………… 117
第二节　新时代全民健身公共服务发展规划………………………… 124
第三节　新时代全民健身公共服务未来发展展望………………………… 129

参考文献………………………………………………………………… 133

第一章　全民健身公共服务概述

社会经济的快速发展，使人们的生活质量不断提升，全民健身和民众的距离越来越近。政府大力支持全民健身运动并给予相应的补助，不仅出台了一系列政策加大公共服务的建设力度，而且为民众提供锻炼指导，让民众可随时随地进行锻炼。本章将主要就全民健身公共服务的基本内容展开研究。

第一节　全民健身的背景与特征

一、全民健身的背景

（一）全民健身产生的国际大众体育背景

1919 年 1 月，现代奥林匹克运动之父——顾拜旦（Coubertin）首先强调“一切体育为大众”的理念❶。顾拜旦在致力于推动国际奥林匹克运动发展的过程中，一直强调大众体育活动是奥林匹克运动的基础。顾拜旦提出的理念奠定了大众体育的理论基础。从理念的最初形成，到形成共识，再到当今的快速发展，大众体育已经成为国际体育的发展潮流。

20 世纪 70 年代初期以来，国外发达国家已相继进入经济稳定增长期，生活水平有了显著提高。同时，由于劳动强度和劳动时间大大下降，大多数发达国家出现了居民营养过剩和运动不足等问题并直接导致了文明病的发病率不断上升，心血管疾病已成为危害健康的第一杀手。如何全面提高生活质量和身心健康水平被这些国家所关注。1985 年，国际奥委会设立了“大众体育委员

❶ 冯海涛，肖冰，宋志强．新时期全民健身的实践研究［M］．北京：光明日报出版社，2016.

会”❶。1986 年，在德国的法兰克福开启了每两年举办 1 次的“世界大众体育大会”。1989 年，在加拿大多伦多举行的第 11 届世界健康大会调查表明，世界上有 89 个国家提出了大众体育的目标。1990 年 5 月，在芝加哥举行的世界大众体育健康与营养大会显示发展大众体育的国家数已接近 100 个。1993 年 6 月，国际奥委会和世界卫生组织在洛桑签订了合作备忘录，指出“双方合作的核心，是全民体育和全民健身”。1994 年，世界卫生组织开始与国际奥委会一起资助和组织“国际大众体育联合会”。1994 年，在乌拉圭举行的第 5 届世界大众体育大会的主题是“大众体育与健康”，大会宣言指出，通过体育活动促进和平、健康，提高生活质量的目的，还提出“2000 年体育为人人，健康为人人”的口号。1996 年起，联合国教科文组织、国际体育联合会总会也加入这一行列。“世界大众体育大会”向各国提供了一个理想的进行大众体育知识传播和经验交流的场所。2002 年世界卫生日的主题是“体育锻炼”，口号是“运动有益健康”。近年来，大众体育在世界范围内越来越普及。

总的来说，国外大众体育的发展绝不仅是体育发展过程的量变，而是质变，它意味着整个社会对体育的功能、价值等形成了全新的认识，并极大地影响了世界大众体育的发展。不仅如此，世界上许多国家都为了在 21 世纪成为健康国家而有组织、有计划地制定大众体育发展规划，提出长期奋斗目标，且相继推出了符合本国实际的健身计划。

（二）我国全民健身产生的内在背景与条件

中华人民共和国成立 70 多年以来，我国群众体育事业取得了长足发展，创造了辉煌成绩。而相对滞后是相对我国竞技体育发展而言。在新的历史条件下将群众利益与国家利益统一起来，维护广大人民群众的健康利益，逐步缩小我国群众体育与竞技体育的发展差距，是我国体育事业发展的必然趋势。

长期以来，大部分人力、物力、财力都投向了竞技体育。政府财政拨款的 50%以上用于包括优秀运动队、体育运动学校、竞技体育学校、重点业余体校、体育中学、普通业余体校在内的训练机构。尤其是优秀运动队和体育学校的一级和二级竞技体育队伍占去了财政拨款的大部分。而群众体育获得的财政拨款，只占相当少的一部分。公共体育设施本来是政府为公众建设的，满足大众体育活动需求的体育设施，但这些设施主要集中在各级竞技体育训练基地，作为专门为优秀运动选手服务的设施。正是这种投入结构为我国竞技体育建设起了一个基础雄厚、结构合理、功能完善的体系，从而保证我国在奥运会上取

❶ 吕晓华，韩海军，康成，等．体育健康论［M］．成都：四川科学技术出版社，2008.

得的令人瞩目的成绩。竞技体育无论是在人力、物力、财力投入上，还是在一线、二线、三线队伍建设上，无论是业余体校、体育运动学校、体育工作大队的基地建设上，还是在教练员队伍、裁判员队伍、中等和高等专业教育、竞技体育科研机构建设上，都具有相当长的历史，形成了可以与发达国家抗衡的竞技体育发展规模和水平。然而，群众体育事业亟需发展，满足人民日益增长的体育需求。

二、我国全民健身的特征

（一）全民性和公益性

我国体育事业始终以人为本，以全国人民为服务对象，竭诚为大众服务，惠及十四亿人口，保障公民平等参加体育的权利，让全体国民享受到体育的乐趣，人人都能够享有体育，而不是只惠及一部分人，体现了全民性。同时，全民健身也体现了全民参与的社会性。全民健身活动不仅在于人人都有参与的权利，也有社会道德和公共规则的约束。

群众性体育事业属于公益性事业。所谓公益就是指公共的利益，而公共则是指体育事业属于社会公众的。全民健身事业作为一项公益性的社会事业，在社会主义市场经济体制下的发展，并不是要求国家大包大揽，成为完全福利性事业，而是要求政府、社会、公民各自承担相应的责任。

（二）多元性与灵活性

服务对象的多元性和灵活性。全体健身服务体系面向全体国民，包括少儿、青年、中年、老年，不同阶层、不同文化程度、不同职业的所有人群。因此，全民健身活动应该针对不同的对象服务。

投资主体的多元性和灵活性。实施全民健身计划，要有必要的资金投入保障。《全民健身计划纲要》提出，体育部门要改善资金支出结构，逐步增加群众体育事业费用在预算中的支出比重，鼓励企事业单位、社会团体、个人资助体育健身活动。这是一种政府拨款、社会筹集和个人投入相结合的多元化资金投入格局。随着我国社会经济的发展，投资主体的多元性和吸收资金的方式也更灵活。

工作方式的多元性和灵活性。随着全民健身活动不断深化，政府组织、社团组织、单位组织、社区组织以及民间健身俱乐部组织构成了一个多元的工作体系和工作方式。在体育组织中，政府体育机构、体育社会团体、社会体育指导中心、群众健身辅导站、各种健身项目俱乐部都在发挥各自的功能和作用。

（三）健身性和娱乐性

健身性和娱乐性是群众体育的本质追求。群众体育的健身性是指经常参加体育活动，有利于人们促进健康、增强体质、发展体能、保持活力的作用。群众体育的娱乐性是指人们在体育活动中可以抒情养心、松弛心灵、振奋精神。群众体育的健身性和娱乐性是相辅相成的，健全的精神寓于健全的身体之中，身体乃精神之载体。亿万群众作为参与群众体育的主体，在自主、自愿的基础上，通过身体活动，达到愉悦身心、强身健体、陶冶情操、人际交流的目的。

第二节　全民健身公共服务概念界定

一、全民健身公共服务的概念来源

对研究对象及其相关基本概念的界定与说明，是任何科学研究不可或缺的一项基础性工作。1995 年颁布的《全民健身计划纲要》提出，到 2000 年，建立具有中国特色的全民健身体系的基本框架，到 2010 年，基本建成具有中国特色的全民健身体系。有关全民健身公共服务方面的表述在不断变化。2000 年 12 月发布的《2001—2010 年体育改革与发展纲要》首次提出要构建起面向大众的多元的体育服务系统。2001 年 2 月，全国体育局长会议强调要努力构建面向大众的体育服务体系，删除了“多元的”。2001 年 8 月颁布的《〈全民健身计划纲要〉第二期工程（2001—2010 年）规划》确立了经过 10 年努力，实现全民健身事业与国民经济和社会事业的协调发展，全面提高国民身体素质，基本建成具有中国特色的全民健身体系和面向大众的体育服务体系的目标任务。这是国家在重大文献中第一次把“具有中国特色的全民健身体系”跟“面向大众的体育服务体系”并列起来。

2002 年 7 月，《中共中央、国务院关于进一步加强和改进新时期体育工作的意见》提出要大力推进全民健身计划，构建多元化体育服务体系。《〈全民健身计划纲要〉第二期工程第一阶段（2001—2005 年）实施计划》重新采用了“多元化”表述，并将“初步建成面向群众性的多元化的体育服务体系”确定为 21 世纪前 5 年的主要任务。2003 年 10 月，召开的十六届三中全会提出

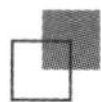

要深化体育改革，构建群众体育服务体系。2009 年，国务院颁布了《全民健身条例》，并首次提出公民有依法参加全民健身活动的权利，地方各级人民政府应当依法保障公民参加全民健身活动的权利。2014 年，国务院将全民健身提升为国家战略，并提出全民健身产业的经济学概念。2016 年，国务院正式颁布《全民健身计划（2016—2020 年）》，并首次提出了全民健身文化建设的思路，要使全民健身“成为健康中国建设的有力支撑和全面建成小康社会的国家名片”。这些表述的频繁变化，一方面说明我国全民健身活动的实践经验在不断丰富，另一方面说明需要加强相关理论的深入研究。

二、全民健身公共服务的基本含义

1993 年，董新光教授在研究起草《全民健身计划纲要（稿）》时，提出了基本建成有中国特色的全民健身体系的奋斗目标，并为国务院所吸纳。其又在《论有中国特色的全民健身体系》论文中提出了全民健身体系的含义、构成及构建思路。后来，他又提出，全民健身体系就是一个能够让广大人民群众广泛参与体育健身活动，国民体质得到普遍增强的保障系统；就是一个能够为广大人民群众提供良好的体育健身环境和条件，满足广大人民群众基本体育健身需求的服务系统。❶ 随后他又进一步阐述为，全民健身体系就是一个能够不断为全体国民提供体育健身的基本环境和条件，满足全体国民体育健身的基本需求，使全体国民健康素质得到明显提高的服务和保障系统。❷ 此后，一些学者相继对全民健身体系的概念及其架构进行研究，论述了不同观念。

裴立新教授指出，全民健身体系是一个以人为本，面向全体国民，定位基层，以组织管理、物质保障、体育活动三大关键环节为基本构架，由若干保证、支撑系统构成的，可满足多元需求、服务与管理并重、结构完善、层次分明、功能有效开放的系统。这一体系实质上是一个能够“保障广大人民群众享有基本的体育服务”的亲民、利民、便民的服务体系，是一个组织管理科学规范、资源配置优化合理、有效保障国民体质和健康水平得到普遍提高的体系，是一个适应全面建成小康社会内在要求的具有主动调节功能的系统。❸

肖林鹏认为，按提供全民健身公共服务的目的来划分，我国全民健身公共服务可分为体育健身服务、体育休闲娱乐服务、体育医疗服务等。全民健身公共服务是我国全民健身公共服务的组成部分。在全民健身公共服务概念的基础

---

❶ 董新光．全民健身大视野［M］．北京：北京体育大学出版社，2003.

❷ 董新光．对全民健身体系基本含义、特征和构架的讨论［N］．中国体育报，2003-05-29.

❸ 裴立新．论全面建设小康社会的全民健身体系［J］．中国体育科技，2003，39（6）：7-10.

上，他认为，全民健身服务是为满足公众健身需求而提供的全民健身公共服务，是全民健身公共服务的一种形式。全民健身服务的常见形式有体育医疗、体育康复、体育培训、体育表演服务，以及体育场地设施、体育政策法规、体育信息、体育科研服务等。所谓全民健身公共服务体系是指由满足公共服务需求的要素构成的有机整体。全民健身服务体系属于全民健身公共服务体系的下位概念。所谓全民健身服务体系是由满足全民健身需求的要素构成的有机整体。肖林鹏还认为，全民健身公共服务是在大力推进服务型政府建设的时代背景下提出的。较之全民健身的概念，全民健身公共服务更明确地提出了服务型政府在开展全民健身事业中的职能和发展方向，是新形势下对全民健身的继承和发展。❶

多年来，很多学者都对全民健身体系做出了定义，董新光认为全民健身体系是由内容要素、层次要素和关系构成的一个整体，这些要素和关系能够为全体公民实现体育健身需求提供服务，也能为改善体育健身环境、提升全民族健康素质提供保障。❷ 董新光对全民健身体系的定义得到了学术界的广泛认可，对全民健身体系的研究具有一定的指导意义。

《关于构建更高水平的全民健身公共服务体系的意见》指出，构建更高水平的全民健身公共服务体系，是加快体育强国建设的重要基石，是顺应人民对高品质生活期待的内在要求，是推动全体人民共同富裕取得更为明显的实质性进展的重要内容。会议以习近平新时代中国特色社会主义思想为指导，全面贯彻党的十九大和十九届历次全会精神，坚持以人民为中心，贯彻新发展理念，以增强人民体质、提高全民健康水平为根本目的，深入实施全民健身国家战略，全面推进健康中国建设，进一步发挥政府作用，激发社会力量积极性，优化资源布局，扩大服务供给，构建统筹城乡、公平可及、服务便利、运行高效、保障有力的更高水平的全民健身公共服务体系。❸

当前，尽管全民健身公共服务这一概念已为社会所使用，但其内涵各抒己见，尚未有定论。鉴于新形势下我国经济社会发展以及体育行政改革的基本要求，有必要及时厘清全民健身公共服务的概念，使这一概念既能正确反映现实经济社会发展的要求，又能准确反映群众体育工作的基本思路。全民健身公共服务等诸多概念频繁出现的过程，是对全民健身理论身体系继承与发展的过

---

❶ 肖林鹏．论全民健身公共服务体系的概念及其结构［J］．西安体育学院学报，2008，25（4）：6-11.

❷ 董新光．关于全民健身体系的理论构架［J］．体育文化导刊，2005（5）：26.

❸ 中共中央办公厅，国务院办公厅．关于构建更高水平的全民健身公共服务体系的意见［N］．新华社，2022-3-23.

程，同时也是对全民健身概念的内涵与外延不断充实和丰富的过程。

全民健身公共服务，是指一个能够为不断满足全体公民体育健身需求、改善全社会体育健身环境、明显提高全民健康素质提供公共服务和保障的要素和关系而构成的整体。这既能体现服务型政府建设过程中的行政服务理念、政府公共精神以及公共利益的具体要求，又能体现政府在提供全民健身公共服务和产品时的主导地位和责任。

无论是“保障性体系”“服务性体系”，还是“多元化体系”，这些概念其实均反映了一定时期经济社会发展的需要。

第三节　全民健身公共服务的内容与特征

一、全民健身公共服务的内容

全民健身公共服务主要包括全民健身场地设施系统、全民健身组织系统、全民健身活动系统、全民健身科技指导系统、全民健身宣传系统以及全民健身监督评价系统。这些子系统均是具有特定功能的且相对独立的系统，他们相互作用、相互制约，共同影响着全民健身体育事业的发展。

（一）全民健身场地设施

场地设施系统是全民健身公共服务的物质载体，为群众体育的发展奠定物质基础。全民健身场地设施系统主要由四大类场地构成：一是由政府投资兴建的公共体育健身场馆，是满足体育运动竞赛、训练和群众健身娱乐等需要的场所❶；二是学校、机关、企事业单位所属的体育场地设施，这些场地设施主要用于学校体育和单位职工体育活动；三是以健身路径工程为主的社会健身休闲场地，主要包括公园、城市广场、江岸河堤、健身步道、登山步道、自行车健身道及多功能运动场等，这些场地利用了山川、河流、森林等自然资源，使人们能在舒适的美景中享受健身的乐趣；四是以营利为目的的全民健身活动中心、健身俱乐部、健身会馆等，满足了一部分有消费能力的体育健身爱好者的需求。

---

❶ 杨永江．公共体育场馆资源如何发挥最大作用［J］．内江科技，2011（2）：14.

（二）全民健身组织系统

组织系统是全民健身公共服务的活力源泉，主要包括全民健身公共服务的责任主体、服务机构和人员队伍等。在现阶段，各级政府是责任主体，能够有组织地、最大限度地向人民群众提供全民健身公共服务。服务机构主要包括企业非营利组织、社区及个人等，他们在政府的统一指导下，有效配置全民健身资源，保障公民体育权利的实现。全民健身公共服务的建设，是一个政府主动作为和社会全面参与的“双向互动”过程，二者之间既要权责分工明确，又要相互协作、共同推动，最终形成以政府为主导、各种社会主体共同参与的全民健身公共服务组织格局。

（三）全民健身活动系统

活动系统包括由政府主导，各类社会力量为辅助，以大型综合全民运动会为抓手，蓬勃开展的群体赛事活动。以各级协会为主体，以基层站点为依托，广泛开展的就近就便、持续经常、小型多样的全民健身活动。坚持面向基层、面向大众的原则，突出主题，引导广大群众积极主动参与，以达到体育健身的效果。

（四）全民健身科技指导系统

科技指导系统由以下两方面内容构成：一是全民健身科技指导中心。发挥社会体育指导员队伍在传播体育锻炼方法、科学指导群众健身、引领健康生活方式以及宣传健身活动等方面的带头作用；二是体质测试服务机构及各级国民体质监测站。积极开展为群众建立体质档案、普及健身知识、组织大众体质监测，联合医务部门为不同人群提供科学知识和咨询、开具健身处方等服务活动，以提升科学健身指导服务水平。

（五）全民健身宣传系统

宣传系统利用电视专栏、报纸宣传栏、广告牌、手机短信、网络等媒体普及全民健身知识、告知重大全民健身活动、发布日常健身站点信息、建立全民健身信息服务网站，内容可包括健康管理、健身交流、社会体育指导员、通知公告等服务信息，方便大众选择，来满足人们多元化的健身需求。此外，还组织水平较高的专家和社会体育指导员利用节假日、全民健身日、各类比赛走进基层，与群众面对面交流、指导，举办“全民健身大讲堂走进社区”等公益健身服务活动，围绕全民健身实施计划，在现代生活方式推广、健身方法和理念传播等方面加大力度宣传。

（六）全民健身监督评价系统

全民健身公共服务能否实现人民群众的基本体育权益、满足人民群众的体育需求，需要一套完整、科学的监督评价体系来衡量，包括对政府的宏观管理、绩效评估与反馈、审计监督、社会监督等。监督评价系统是全民健身公共服务的考核依据、是保障公共服务质量的有效机制，通过不断地总结经验与解决问题，从而提高公共服务的绩效与水平。

二、全民健身公共服务的特征

（一）普惠性

全民健身公共服务是一个国家或地区利用体育健身手段来满足每一个公民都能够享有的生理、心理及发展需求，以促进人的身心健康的服务行为。政府制定计划实施全民健身，就是为了推动国民经济的发展，提高人们的整体素质和生活质量。其普惠性是让更多的人享有锻炼的机会，让更多的人参加体育活动、获得健康的身心，最终达到促进人的健康与和谐发展。每个公民都享有公共服务的权利，全民健身公共服务应以全体国民为服务对象，始终代表最广大人民群众的基本利益。

（二）公平性

全民健身公共服务本着社会正义和平等的理念保障广大人民群众的基本体育权利，其内在要求是让所有的公民都能公平、便捷地享有公共服务。它是建立在一定的社会共识基础上，由政府主导提供的，与经济社会发展水平和阶段相适应，旨在保障全体公民基本体育需求的公共服务。此外，在全民享有体育发展成果的层面，还要缩小地域和城乡之间的差距，促使人人享有体育的基本权益均等化，以实现社会公平。

（三）公益性

全民健身事业作为一项公益性的社会事业，在社会主义市场经济体制下发展，并不是要求国家大包大揽。其公益性体现在不以营利为目的，着眼于公共利益、社会利益，以实现公民权益为准则，让不同层次、不同领域的人都能基本无偿享受到全民健身公共服务。

（四）统筹性

全民健身公共服务加大了农村地区、老少边穷地区、弱势群体的全民健身公共服务建设，逐步消除全民健身公共服务中存在的区域、城乡差异，切实解决城乡均衡问题，不断缩小各地区之间人民群众享有基本全民健身公共服务的差距，彰显全民健身公共服务的统筹性，实现基本全民健身公共服务的均等化。

第四节　全民健身公共服务的作用与实施措施

一、全民健身公共服务的作用

（一）全民健身公共服务在经济发展中的作用

在不同的经济发展阶段，全民健身公共服务也有着不同的作用，不仅提高人民群众的身心健康，而且对国家经济发展也有着推动作用。

第一，全民健身可推动国家经济发展。一方面，在充分利用物质资源的情况下，全民健身公共服务可以提高资源利用率。另一方面，充分发挥全民健身公共服务的优点不仅可以提高人民群众健康生活水平，还可以加强疾病预防，从而减少对疾病预防的投资来促进经济发展，加大社会基本保障。

第二，大力发展全民健身公共服务是促进和谐社会形成的一种重要方式。

第三，全民健身公共服务可以有效地促进体育消费。

（二）全民健身公共服务在社会发展中的作用

《联合国世界人权宣言》认为，公民有权享受为维护本人和家属的健康和福利所需的生活水准，包括食物、衣着、住房、医疗和必要的社会服务。公民享有全民健身公共服务是现代民主政治制度的基本体现，公民享有全民健身公共服务的权利。群众从体育健康促进中所获得的服务可以从侧面反映出国家或地区的经济发展水平，全民健身公共服务在现代社会中的价值与作用主要体现在以下五个方面。

第一，全民健身公共服务是以满足群众对体育健康的需求为切入点，是改

善社会健康老龄化的重要基础。人是生活在社会结构中的主体，社会是促进人类发展的客体，社会的发展归根到底是人的发展，因此社会结构作为发展手段的根本目的是促进人的发展。在体育健康的实践中，群众体育促进健康的出发点是保障群众的身体发展，其中包括群众的生活状态和体育健康的需求。社会发展的动力来自人类的生产和创造，人的发展内容主要表现在三方面：一是满足基本需求；二是提高素质；三是发挥潜能。而群众健身服务就是为了促进人类的可持续发展，确保群众享有健康。全民健身公共服务属于维护公民健康的有力手段，政府做到保证一定数量和质量的基本全民健身公共服务提供，保证基本全民健身公共服务的平等性。

第二，全民健身公共服务能够满足群众的健身需求和心理需求。生产力的变革推动着社会进步，为了促进社会生产力的健康发展，必须不断调整人们之间的利益关系。随着科技的飞速发展，人民物质生活条件日益改善，开始追求更高的精神境界，这使得大众参与体育锻炼的意识逐渐增强。全民健身公共服务供给质量的提升，意味着我国公共体育服务的数量和质量有了很大的提升，体现了社会主义现代化建设的顺利进行。

第三，全民健身公共服务是维护社会公平的一种具体体现。促进社会和谐，就要按照民主法制、公平正义、诚信有爱、充满活力、安定有序、人与自然和谐相处的要求和共同建设、共同享有的原则。

第四，全民健身公共服务不仅可以改善群众体质健康，而且对我国的社会效益具有促进作用，能够推动经济效益的增加；全民健身公共服务不仅可以为社会的发展创造丰富、稳定的生活环境，而且与经济发展之间存在互利共生、相得益彰的关系。

第五，加强全民健身公共服务，深化改革体育健康促进体系。就我国目前的群众体育发展现状来看，政府部门对群众体育健康的重视程度等同于对经济社会的关注，这也是构建新时期体育健康改革体系的重要内容之一。现今在全民健身理念的普及与广泛开展的形势下，对我国体育服务类政府提出了迫切要求，这同样也是构成新时代体育改革和创新的重要推动力。

（三）全民健身公共服务对群众健康的促进作用

身体健康指人体各器官组织结构完整，发育正常，功能良好，生理生化指标正常，没有检查出疾病或身体不处于虚弱状态。身体健康是人整体健康的基础。心理健康指在身体上、智能上、情感上与他人的心理健康不相矛盾范围内，将个人心境发展成最佳状态。可见，心理健康不仅是指没有心理疾病，更重要的是指一种积极的、适应良好的、能充分发展其身心潜能的丰富状态。道德健康是指既为自己的健康也为他人的健康负责，把个人行为置于社会规范之内。能辨别真伪、善恶、荣辱、美丑等是非观念，能按善恶观和荣辱观评价和约束他人和自己的行为，为人们的幸福做贡献。社会适应良好指一个人的心理活动和各种行为能适应当时复杂的环境变化，为他人所理解，为社会所接受。可以从五个方面的作用和活动类型来定义。

（1）与家庭及亲属的关系：与家庭成员的接触，参与家庭活动的数量和热情，与家庭成员及亲属的亲密程度等。

（2）工作与学习：工作学习的积极性和主动性，完成的能力和水平，从工作学习中获得的满足感，与同事、同学相互关照的程度。

（3）亲密的朋友和熟人：朋友之间活动、交往的程度。

（4）社团活动：参加体育、娱乐俱乐部、协会、社会组织、宗教团体、政治和公民组织等情况。

（5）其他社会活动：参加体育活动、舞蹈、游戏、戏剧仪式、礼仪活动及音乐演奏的情况。

调查表明，许多疾病如糖尿病、高血压、冠心病、肥胖症、癌症、性传播疾病、精神性疾病等均与不良行为和生活方式有关。全民健身公共服务对健康的促进作用，需要克服以上综合因素的相关影响才能发挥作用。

因此，全民健身公共服务对群众健康的促进应该以人为本，以群众身体发展特点为中心，考虑身体、心理、社会适应能力等诸要素之间的相互关系。

1. 全民健身公共服务与人类健康的关系

（1）抽象概念意义上的理解分析

第一，全民健身公共服务与人的社会健康。社会健康是指个人与社会环境之间的和谐相处、相互促进，从而培养广泛的人际关系并实现自身的社会价值等，社会健康包括为社会作出力所能及的贡献，积极参与社会活动，和谐处理与他人之间的互帮互助等人际关系。这表明健康的概念不单单局限在自身的健康，而是涉及自身健康、社会健康与环境健康三者之间的复杂关系。健康理念的改革与发展强调了对全民健身公共服务事业的关注，全民健身公共服务理念就是通过提高群众的体育健身能力和健康卫生知识，从而彻底改善群众生活环境，提高健康水平。全民健身公共服务在社会健康中扮演着十分特殊的角色，是其他体育事业所不能替代的，同时也表明了全民健身公共服务与社会健康存在相当密切的关系。

第二，全民健身公共服务与个体健康。对于群众而言，只有在身体、精神和社会等方面均表现健康的状态才能符合健康的真正标准，不能只是借助医学临床检测和有无疾病等程度来推断健康水平。一方面，将群众的体质作为衡量

身体健康的基础能力，就目前的研究而言，还不能盲目地确定体力与健康之间的关系，却能肯定健康水平的基础是保持一定的体力，在组成体力的要素中包括耐力、肌力、柔韧等。另一方面，体质也是衡量群众健康水平的标志。体质不但可以反映个体的生命活动水平，还代表着个体的身体运动水平。生命状态是身体的运动基础，代表了人体的自然状态，然而身体运动是保证生命运动得以发展和提高的必然条件，二者相辅相成，共同发展。群众的健康是建立在一定体力的基础上，但健康的群众体质水平又各不相同。群众健康的前提是体质良好，并维持良好的体力基础，同时精神状态饱满，与社会环境相处融洽等特征。可见，体育对群众健康水平提高具有重要作用，全民健身公共服务就尤为重要。

第三，全民健身公共服务促进人的心理健康和社会适应。体育锻炼有助于身体健康，是人所共知的事实。

（2）全民健身公共服务整体意义上的理解分析

全民健身公共服务如何增进人的健康，还应从生理、心理、社会三位一体的整体观来分析全民健身公共服务促进人的健康所作出的特殊贡献。

第一，全民健身公共服务能够提供人类健康所需的基本手段。

第二，全民健身公共服务提升了人的社会性与生物性在健康问题上的高度协调性。

第三，全民健身公共服务能促进人的心理健康，有助于形成社会心理稳定。心理健康是组成人类健康的重要结构之一，科学研究结果证实，合理适量的体育运动可以改善群众的心理健康、消除心理及精神疾病，无论群众参加何种体育活动，都会使心理活动发生相应的变化。情绪是心理健康的重要指标，在现代社会中，来自各方面的压力使人产生的焦虑、烦恼、紧张、压抑、暴躁、忧郁等都属于不良情绪范畴。医学研究发现，从事慢跑、健身、骑自行车等体育活动对于抑郁症、焦虑症、化学药品依赖者的治疗具有显著效果。这充分说明体育运动能够转移并宣泄不愉快的情绪。

第四，全民健身公共服务在现代生活中具有无可替代的增进健康的作用。现代化是人类社会变迁的共同趋向，现代化社会的不断进步需要人类的创造、操作和变革，所以人类是整个社会文明的承担者和继承者。为了促进群众在现代化社会中适应能力的提高，全民健身公共服务担负起该促进过程中的重要任务。一方面，健康老龄化的社会现象是适应现代化物质基础的条件之一；另一方面，人类追求现代化社会生活，需要建设文明、健康、科学的现代生活形式。现代化的科学社会发展特征为全民健身公共服务提供了优越的环境和发展空间，使得发展形势呈现多元化特征。因此全民健身公共服务已逐渐发展成为改善群众现代化生活方式的重要举措，并日渐成为群众现代生活中的重要组成部分。它改善群众由于生活方式与行为习惯不当造成的身体不健康效应，调节着群众由于退休和晚年丧偶导致的家庭、社会交往关系中的不悦、孤独与失望。把全民健身公共服务纳入体育事业建设中，并抱着收获最大效益的决心。因此应当将全民健身公共服务的建设同样纳入现代人的生活中，并不断提高和改善体育服务质量。

2. 全民健身公共服务促进人类的整体健康

健康是人类实现全面发展的基础，也是人类社会不断进步的前提条件。随着时代的发展，传统的“无病即健康”的观念已经发生了改变，现代健康所涉及的领域非常广泛，内容相当丰富，我们需要以更广阔的视角来认识健康的概念，将健康与其他相关领域联系起来进行综合考虑，使其成为一个整体，并以此来指导人们为实现健康而努力。在现代社会，健康是指人们具有良好的生理、心理和社会适应能力。我们需要从宏观角度来理解健康的含义，避免在提供全民健身公共服务时陷入误区。

（1）整体健康的内涵

整体健康指的是有计划、有意义的生活，即在科学运动理论指导下，主动、积极、负责、优化地提高身体、心理与精神健康的生活方式。健康的内涵不局限在没有疾病的状态，通过体育实践活动来维持身体健康，并努力实现对生活的满足与幸福感。整体健康是整合、挖掘和保护我们的身体、心理、家庭、社会之间的所有资源，健康由多个部分共同构成。无论身体处于健康或者疾病状态，身体、心理之间都存在着广泛的交叉重叠。科学研究证实，心理健康对人体的身体健康或者疾病的预防具有很大的积极影响，相反，心理因素也能导致、加重、拖延身体的不良症状。如果群众经常处于孤独、忧虑、愤怒、抑郁等心理状态，则很容易引发疾病。心理与生理健康之间相互影响，身体疾病很容易诱发心理等疾病。

躯体健康：当躯体健康到达理想的健康状态时，就会拥有非常好的心理状态和自我感觉。因此人们可以通过体育锻炼、营养搭配、医疗保健等措施不断远离疾病，达到一种理想的健康状态，并有效预防老年疾病。同时要时刻保持良好的生活习惯、坚持体检、保护自身安全。

心理健康：心理健康的最佳状态是指在思想和情感两方面都拥有较好的状态，不单单是没有心理疾病。因此群众心理健康是指对各种复杂的情感的认知，对情感的表达，和对老年生活不便的心理压力。

社会健康：在社会关系结合而形成的社会群体中，群众生活包括各式各样社会关系而形成的群众网络，而在这种社会网络关系中，人与人之间是否能够

互相帮助与关心，是关乎整体健康的一项重要内容。

社会支持：个体在社会网络中收获到的情感、物质和生活上的支持和帮助。支持是社会与人之间的一种互动过程，有研究证明社会与人的联系支持率减少与死亡率升高相关。例如，群众在晚年患病期间得到的社会支持可减少并发症，缩短病患时间，生病期间也能保持良好的心理状态。

（2）全民健身公共服务与人的整体健康

整体健康涉及整个群众的健康，涉及群众日常生活中的方方面面，不仅包含预防疾病发生的危险因素，而且包含能直接影响并威胁群众健康的因素。它是借助多学科的交叉融合方法和手段促进群众健康，包含教育、传播、政策、财政、产业以及群众自发组成的团体等，其中尤为重要的是对群众体育服务的开发。体育健康促进服务重点在于群众的积极参与，在进一步启发群众对健康问题重视的观念下，将体育健身、医疗服务、卫生中心等机构相结合，建设适合现代群众健身的综合机构。由此可见，体育服务系统对群众的健康促进具有不可估量的作用。

二、全民健身公共服务的实施措施

（一）优化资源配置

政府是为人民服务的代表和实践的主体。目前，我国主要建立在公共服务型政府的基础上，政府从管理向服务的转变是政府改革和发展的趋势。转变政府职能，坚持以服务为导向。首先，需要改变政府对全民健身公共服务的传统管理控制。树立以人民为中心的主体地位，转变政府职能以丰富和发展全民健身公共服务的构建。其次，树立创新服务理念，加强引导和监管。建立服务型政府，在构建全民健身公共服务体系时注重公共基本健身服务，注重人民健康需求的发展，加强政府建立科学合理的监督体系。最后，采取改革措施优化资源配置。完善高端全民健身公共服务，逐步减少低端供给，调整高端全民健身公共服务结构，完善全民健身公共服务结构。

（二）提高资金保障

建立多元化资金投入是解决全民健身公共服务建设问题的物质基础和财力保障[1]。2016 年，国务院颁布的《全民健身计划》强调，县级以上地方政府应

---

[1] 房斌．全民健身公共服务体系构建的发展路径及对未来发展趋势的探究［J］．体育与科学，2011，32（5）：44-48.

当考虑预算中与全民健身公共服务有关的支出，随着社会经济发展水平的不断提高，增加对全民健身的资金投入。财政投入在全民健身公共服务结构中至关重要。我国人口基数较大，政府在全民健身公共服务中资金投入十分有限，不能满足人们日益增长的锻炼需求，因此让社会、企业、集体以及个人都共同参与资金的投入，在一定程度上减轻政府财政负担，同时拓宽全民健身公共服务结构的资金来源，为全民健身公共服务财政收入结构奠定了坚实的基础。

（三）培养实用性人才

当前我国在社会体育活动方面的科学指导员绝大部分是非专业型人才，不能满足人们科学锻炼的需求。几年来全民健身公共服务构建在管理方面主要由管委会非专业人士进行管理，缺乏与之相关的专业理论知识。学校应该注重对体育社会指导员的培养并向社会输送专业型人才，既要加强社会指导员的专业理论知识，又要对管理能力进行专业化指导，培养他们成为一专多能的实用性人才。鼓励体育专业人才到社区基层实习，推进全民健身公共服务标准化，同时加强社区管理人员的专业化，充实社会体育活动指导员的专业队伍，提高健身人群的全民健身公共服务质量。

（四）完善政策体系

我国与全民健身相关的法律法规目前有 70 多个，但是这些法律法规需要进一步细化❶。虽然颁布了很多与全民健身公共服务相关的法律法规政策，但是实际行动证明，与全民健身公共服务相关的法律法规在很多方面形同虚设，没有把与之相关的政策法规落到实处。一方面，要建立政策激励措施。创新全民健身公共服务主体的运行机制和方法，鼓励体育主管部门、财政部门和教育部门参与完善全民健身公共服务。另一方面，我们必须促进全民健身公共服务的均衡发展。我国全民健身公共服务基础设施存在城乡差距较大的问题，因此在完善全民健身公共服务时应当加大对乡镇全民健身基础设施的资金投入，同时利用社会经济发展辐射带动农村发展的增长，从而完善全民健身公共服务政策，推动服务均衡化，实现全民健身公共服务现代化。

---

❶ 龙佳怀，刘玉．健康中国建设背景下全民科学健身的实然与应然［J］．体育科学，2017，37（6）：91-97.

第二章　新时代全民健身背景下公共体育服务的发展

随着我国社会经济的不断发展以及全面建成小康社会、大力促进全民健身、积极打造健康中国、努力实现乡村振兴等国家战略目标的逐步实现，政府要能充分认识加强公共体育服务工作的重要性。本章主要从城市公共体育服务、农村公共体育服务、学校公共体育服务三个方面论述新时代全民健身背景下公共体育服务的发展。

第一节　新时代全民健身背景下城市公共体育服务的发展

一、全民健身与城市公共体育服务

（一）城市公共体育服务的内容构成

随着社会生产力和人们经济水平的提高，居民的健身意识越来越强，追求健康的意愿也逐渐增强，于是城市居民对城市公共体育服务的需求越来越强烈。由于居民的年龄层次差距大，喜好不同，选择锻炼的方式也不同，因而居民对城市公共体育服务的需求呈现多样性，使城市公共体育服务的内容体系建设也愈加全面和深入。但同时也必须认识到，城市发展的阶段不同，居民需求不同，不同城市所提供的城市公共体育服务的内容的侧重面也不同。城市公共体育服务的内容体系通常包含四个方面，即体育基础设施类服务、体育公共信息类服务、体育锻炼指导类服务、体育公共安全检测管理类服务。❶

---

❶ 樊云．全民健身视野下社区公共体育服务体系的构建［J］．内江师范学院学报，2013，28（8）：109-112.

（二）全面健身与城市公共体育服务的关系

城市公共体育是开展全民健身计划的主要基地和坚实基础，城市公共体育服务是城市公共体育的有机组成部分，城市公共体育服务建设的目的就是为城市居民提供便利的体育公共产品和服务的行为，是落实全民健身计划的具体工作和内容。而城市公共体育服务体系则是在政府主导、社会参与下，以满足城市居民的体育需求而形成的城市公共体育服务的总和，是实施《全民健身计划纲要》的保障。因此，对城市公共体育服务体系进行研究有利于全民健身计划的实施。

二、全民健身背景下城市公共体育服务供给治理

（一）城市公共体育服务的供需主体

1. 需求主体

城市公共体育服务需求的主体是城市的全体居民，他们是城市公共体育服务体系形成和发展的原动力，是服务的接受者和受益者。居民的个体差异、兴趣爱好、参加体育锻炼的方式不同，导致城市居民体育需求结构与城市公共体育服务需求偏好呈现多样化，进而导致需求主体与供给主体的多样性和动态性。

2. 供给主体

（1）政府

为有效配置城市公共资源，实现城市公共利益和居民福利最大化，促进社会和谐发展，政府通常以强制性方式、以非营利为目的来实现城市居民公共利益，强调整体和普遍的服务，让所有接受服务的城市居民都能享受基本的公共体育服务质量。这些服务主要包括公共性纯度较高的城市公共体育服务设施、城市公共体育锻炼环境建设与保护、纯粹制度类的城市公共体育服务（如体育政策法规）、非政府力量不愿意或没有能力提供的城市公共体育服务等，主要由政府、体育局、街道办事处、居委会、社区体育组织等组成。

（2）社会组织机构

通常是政府部门以外的不以营利为目的的一切志愿团体、社会组织、民间组织、公益性体育事业单位、慈善机构、志愿团体等，如对城市居民提供健身指导、技能培训、宣传教育等，其最大的特点就是自愿性、非营利性，这主要是由于政府和市场对城市公共体育服务供给不足的延展补充。

(3) 企业

企业在政府的引导下，以自愿性的方式供给，通过有效地配置资源实现企业单位利益最大化的一种制度安排，如经营性社区健身俱乐部、健身活动中心等，最大的特点就是营利性，提供的是有偿服务。这主要是由于居民需求数量存在差异，政府供给难以满足城市居民需求的条件而产生的，是对服务消费者细分的一种回应，是对居民差异化锻炼需求的满足，是城市公共体育服务市场化的一种体现。这种服务是居民在自愿付费的前提下选择自己更感兴趣的项目锻炼，享受更多、更优质的服务。

(4) 个体

城市公共体育服务的个体供给更多地体现了城市居民强烈的主体体育意识和积极的进取精神，是居民在真实参与意识下进行自治的实现形式。因此，这种个体参与属于非制度化参与，具有很大的灵活性与更大的适应性，是属于对城市公共体育服务供给的补缺型服务。

（二）全民健身背景下城市公共体育服务供给治理的逻辑

1. 基于普惠性、均等化为供给目标的行政型政府逻辑

在“健康中国”政策引导下，全民健身被赋予了多重价值，国家对其提出了更高的要求，人民给予了更多的期盼。全民健身作为公共体育服务的基础工程，是提升健康教育、民生福祉、优化体育产业水平的重要途径，公共治理作为全民健身政策指向使政府成为其供给治理的重要主体。政府逻辑的行动者主要包括政府部门、体育总局、社区非营利组织等，以提供普惠性、均等化的全民健身公共体育服务为目标，共达“善治”目的。而城市居民则以健身服务需求的公共利益最大化为目标，不断促使政府转变职能角色、下放权力、规范完善政策法规并采取相应行动。但在实践中却因信息不对称，造成供给主体单一，人员能力不足，社会力量参与体制、机制不畅，供给治理缺位、越位与错位现象并存。而全能型政府类型的身份与角色，又加剧了城市阶层的分化。体育社会组织体系的不完善加剧了城市公共体育组织行政化倾向，深化其阶级矛盾，丧失独立自主性，远离服务城市居民的使命感。

2. 基于共生共在性、利益最大化为供给起点的经济型市场逻辑

随着智慧城市建设的不断深入，市场经济利用“竞争为他人创造价值，促进陌生人之间分工与合作”的独有特征，以高效的资源配置方式参与全民健身公共服务供给治理。市场机制的引入、国家–市场–社会三元治理结构的演进使市场成为全民健身公共服务供给治理中不可或缺的重要主体。各类营利性私人企业机构或集团作为主要市场主体。首先，能够弥补政府在公共决策与

供给服务中的不足，即政府缺陷、失灵或干预失效。其次，引入市场机制能够增强全民健身公共服务供给治理的竞争性，实现市场化运作。

目前，市场组织参与全民健身公共服务供给治理方式主要有三种：一是财政补贴与扶持。政府通过免税、减税等优惠政策或资助方式保障其参与提供健身服务的积极性与合作的持久性。二是委托购买制。政府利用资金或竞标方式向市场机构购买全民健身公共服务产品。政府具有决策、评估、检验与监督主导权。三是委托契约制。政府与社会组织间通过“选择—签约—生产”的程序实现服务供给，形成委托代理式契约关系。由此看出，市场组织之所以乐意参与全民健身公共服务供给治理，是因为在为消费者创造价值的同时，自身也获得了可观利润或声誉。此即以利益共生共存为基础的经济型市场逻辑。

3. 以居民健身权利、文化需求为基点的民主型城市公共体育服务组织逻辑

在全民健康与健身意识不断增强的背景下，“以人民为中心”度量全民健身公共服务绩效的价值取向更加凸显，城市居民成为担任城市治理重任的主角。城市公共体育服务组织参与全民健身公共服务是面向居民最直接、最贴切的体育健身权益问题，以捍卫与保护城市居民的健身权利与满足健身文化需求为治理的逻辑起点。就涉及重要主体而言，主要有：①城市居民。城市居民为满足自身现实的健身需求与利益诉求，但因缺乏信息表达畅通机制而造成假性需求，出现搭便车行为而造成资源浪费、供给治理成本提升。②社区服务中心。社区全民健身公共服务中心管理人员多由上级委派或任命，组织结构行政化色彩较明显，且存在空架子现象。③社区体育组织。各类民间社区体育组织是最活跃的参与主体，但绝大部分体育组织处于自发、僵尸状态，丧失自治功能。

（三）城市全民健身公共服务供给多元协同治理模式要素及特征

1. 多元协同治理模式要素

构建城市全民健身公共服务供给多元协同共治模式的首要任务就是合理安排最基本的治理要素，以公共理性为轴线设计相关治理制度和计划实施步骤。再根据各主体、城市公共体育发展模式差异，形成各具特色的城市全民健身公共服务供给治理模式。最后制定激励相容约束机制，鼓励多主体协同参与解决效率低下、供需脱节等问题。具体安排如下：

（1）治理主体。理性选择下，治理主体包括城市全民健身公共服务的提供者、生产者、管理者、评估监督者及消费者等多角色相互作用的利益相关者，即政府、市场、体育社会组织、草根组织、公民。

（2）治理事项。宏观上讲主要是关于治理方针、计划与策略的实施细则，微观上看是治理主体的功能、角色、职责定位及协同互动中协助工作事项的准入制度、工作事项、考核评价、激励惩罚措施的一系列制度安排。

（3）治理机制。根本目的在于确保它能有效地改善城市全民健身公共服务供给治理现状，提高供给质量与治理效率，主要包括：参与决策机制、协同动力机制、监督制衡机制、激励机制。❶

2. 多元协同治理模式特征

城市全民健身公共服务供给多元协同治理模式的特征主要包括：公共理性、主体多元性、行动协调性、持续互动性。

（1）公共理性。公共理性是渐进理性、有限理性、政治理性。即各行动主体以自由平等的身份、公正的理念对公共事务进行充分合作而产生可期望的共赢效果的能力。公共理性是承认差异并超越差异的理性，对于社会基本理念、整体性认识与他人的感知达成“重叠共识”；是多元治理主体走出角色分歧与道德冲突的基石，是走出“零和博弈”的有效方式，是实现社会协同治理的内在要求与公益性支撑。实践中，垂直型的城市全民健身公共服务供给治理结构体系缺乏公共理性，若要满足多元协同治理的理性需求唯有公共理性。

（2）主体多元性。多元性能有效克服政府间合作治理的“搭便车”行为、增强体育组织的独立自治性、提升居民的获得感，最终实现主体间优势互补、资源共享、多重动态均衡。

（3）行动协调性。治理是一个过程，协调是过程的基础。❷ 主体间的行动协调能有效避免因信息不对称带来的参与渠道不畅、沟通阻塞、回应不积极等问题，有利于达成共识，使治理决策程序合法透明，治理过程公正公平，治理结果公开有效，从而营造平等、民主、自由、法治的话语空间与行动场域。

（4）持续互动性。治理不是一种正式的制度而是持续的互动，主体间持续的互动有利于解决协调机制缺失下的公共伦理缺失、迭代、循环的问题，有效增强主体间的信任度，提高社会公信力，提升居民满意度。

---

❶ 马蕊，贾必成，贾志强．社区全民健身公共服务供给治理研究［J］. 体育学研究，2019，2（3）：83-89.

❷ 马蕊，贾必成，贾志强．社区全民健身公共服务供给治理研究［J］. 体育学研究，2019，2（3）：83-89.

三、全民健身背景下城市公共体育服务体系的构建

（一）全民健身背景下城市公共体育服务体系的构建现状

1. 场地设施配置无法满足城市居民需求

公共体育服务体系的物质基础主要体现在各大城市内的体育场馆建设。城市体育场馆设施是否完备是衡量公共体育服务质量的一项核心指标。在很多发达国家的城市发展中，均具备体育中心、体育公园以及学校体育场所及设施，具体的特点主要为：

第一，不存在设施项目单一的问题。

第二，具备交通的便利性。

第三，很多先进国家所涉及的建筑风格与当地人文景观的融合十分巧妙，很多城市户外体育设施均与城市公园相结合。

第四，所开设的公共体育设施服务均体现出综合性，利用程度相对较高。

第五，对社会弱势群体十分重视，尤其关注其在体育锻炼方面的需求。我国城市体育场馆设施建设还需进一步完善。

2. 经费相对短缺

我国公共体育服务的经费较少，这是一直无法满足城市居民对公共体育设施服务需求的体现。全民健身是推动我国公民身心素质健康成长的关键，具体的落实主要在于政府如何去建设，财政方面是否能够满足基本体育公共服务设施及产品供给等方面。通过分析目前城市公共体育服务状况能够了解到，广大城市居民的公共体育服务仍然无法满足，并且根据有关披露数据的统计了解到，国家针对城市公共体育服务投入的经费仅仅占据了财政体育事业经费的 3%。[1]

（二）全民健身背景下城市公共体育服务体系的构建路径

1. 组织管理体系建设

政府大力推进全民健身事业的社会化进程，由体育局等相关部门协同配合管理，积极调动社会力量创办体育社会团体，联合社区街道、工会、团委、妇联等组织，医疗卫生紧随保障，以健全的体育组织网络，给予城市居民全面科学的运动处方、健康指导及运动损伤医疗配备，为全民健身的发展提供全方位

[1] 刘金利．我国城市社区全民健身公共服务体系标准化研究［J］．体育科技文献通报，2017，25（6）：3-5.

的服务。

在城市公共体育建设方面，坚持以公益性为主、经营性为辅的原则，加大行政部门对城市公共体育的引导监督作用。大力培育、扶持社会性体育组织，积极调动全民参与，从而实现并促进城市管理与城市居民的良性互动。以街道为单位，定期开展体育活动，并上报备案以便政府相关部门验收监督。同时，要有针对性地对不同年龄层次及社会弱势群体进行关注与调查，以满足适合不同人群的健身需求，开发各类人群都能有效参与的公益性全民健身活动。

2. 宣传指导体系建设

在城市全民健身宣传方面，利用公益广告、宣传画或发放宣传单等形式，生动形象地展示宣传相关政策法规、群众体育活动、科学健身指导等内容，努力营造全民健身氛围；利用街道边的报纸宣传栏，定期发布体育活动通知、报道群众体育开展情况；电视台、电台可以开设专门的体育栏目，并充分利用网络宣传的快捷便利，利用大数据统筹并有机整合各类信息资源，提高全民健身公共服务的水平。

3. 运行保障体系建设

为促进全民健身城市公共体育服务体系建设，政府应该逐步加大体育场馆的建设力度，如新建室内网球馆、冰上运动场馆等运动场馆，努力满足群众越来越多的健身需求。以健身休闲为服务内容，引导社区和体育协会等组织，举办群众性健身俱乐部；奥体中心、行政事业单位、学校等各级各类具备条件的体育场馆向社会免费或低收费开放，为市民提供离家近、交通便利的健身场地。同时，加强体育场地设施的管理和定期维护工作，保障居民在健身过程中的安全。

第二节　新时代全民健身背景下农村公共体育服务的发展

一、农村公共体育服务发展的目标

农村公共体育服务发展的目标是大力推进全民健身计划，构建多元化体育服务体系。农村体育工作要充分做到亲民、便民和利民，具体有三大目标：

第一，建设好农民健身场所，方便农民群众就地和就近参加体育锻炼，保证农村体育设施得到充分有效利用。

第二，健全农民群众体育活动组织，建立社会体育指导工作队伍，完善国民体质监测系统。

第三，举办经常性群众体育活动，举办当地特色和农民喜爱的体育活动，从而促进农民对体育活动的兴趣，丰富农民群众文化生活。

二、农村公共体育服务发展的重要性

（一）发展农村公共体育服务是发展新型城镇化的题中之义

推进新型城镇化，对于解决“三农”问题、推动区域协调发展、促进社会全面进步以及全面建成小康社会等具有重大的现实意义。在理念上，新型城镇化坚持以人为本，一切围绕为人服务，这里的“人”包括在城里生活的人与在农村生活的人；在路径上，新型城镇化强调城镇化和新农村建设的“双轮驱动”，注重城乡的协调、均衡、全面发展，尤其是重视新农村建设。因为即使到2030年中国城镇化率达到70%，仍有5亿人生活在农村。体育作为社会文化的重要组成部分，它在促进农村“生产发展、生活富裕、乡风文明、村容整洁、管理民主”[1]等建设社会主义新农村方面具有重大的意义与价值。因此，在发展新型城镇化时，同样要重视农村体育的发展。发展农村公共体育服务已经成为新型城镇化推进的着力点。

（二）发展农村公共体育服务是实施“全民健身”国家战略的重大任务

2014年，国务院办公厅出台的《关于加快发展体育产业促进体育消费的若干意见》中提出了要求“将全民健身上升为国家战略”的重要指示。短短12个字，既体现了政府进一步对全民健身价值、意义、内涵的深刻认识与理解，又说明了全民健身在国家战略层面具有重要意义，同时也意味着政府部门在未来的体育工作中要将满足公民的体育需求摆到重要位置。不可否认，相对于城镇，农村公共体育服务又是推进公共体育服务均等化的重点和难点。所以，提升农村公共体育服务水平，可以说是贯彻落实“全民健身”国家战略的重大任务。

（三）发展农村公共体育服务是推进“健康中国”建设的必然要求

现如今，国家已经将体育作为实现与助推“健康中国”目标的重点战略

---

[1] 田雨普．农民体育发展战略研究［M］．南京：南京师范大学出版社，2009：30.

举措之一。目前，农村人口在我国还占有相对大的比例，这一事实在很大程度上影响着与决定着我国能否顺利实现“健康中国”这一目标。事实上，当前农民的健康却不尽人意。研究表明：“近几年来，我国农村居民的体质综合指数一直处于下滑趋势，身患心脏病、糖尿病、心血管病、高血压、肝癌、肺癌等严重疾病的人数在农村屡增不减。”❶ 而发展农村公共体育服务事业，恰恰可以增强农民体质与农民对疾病的抵抗能力，提高农民的心血管系统机能，减少致癌因素，降低农民患病的概率，缓解农村医疗财政压力，为推进“健康中国”建设提供强大的正能量。

三、农村公共体育服务发展的模式

（一）节庆体育和民俗体育发展模式

各地区在文化传承与文化变迁的过程中形成了很多具备身体锻炼价值和文化传承价值的民俗体育项目，其中我国许多少数民族地区的民俗体育项目发展尤为繁荣。丰富多彩的民俗体育项目使当地的旅游内容更加多元化，成功吸引了游客，节庆民俗体育在当地旅游业中发挥着越来越重要的作用。

当前，节庆体育和民俗体育已经演变成一种特殊的公共体育服务发展模式。因为民俗体育拥有坚实的民众基础和较大的社会影响力，所以能够更加有效地产生可观的收益，对农村公共体育服务的稳步发展有显著的积极作用。与此同时，节庆体育和民俗体育发展模式更是一种活动引领的公共体育服务发展形式。发展与推动的主体均为政府部门，节庆体育和民俗体育发展模式被正式确立之后，地方政府往往会在固定时间组织集纪念价值、文化价值、传播价值和推广价值于一身的集体性活动。在完成类似的集体性活动的准备工作时，不但要建设具备针对性特征的场地设施，而且要建立达到各项要求的组织机构与经常性训练等，由此产生了政府针对公共体育服务的投资行为。

（二）全民健身（苑）点模式

政府是农村公共体育服务发展的关键主体，为有效加快农村公共体育服务发展速度采取了很多项措施，能够扎根于基层和全面掌握基层情况的则是全民健身（苑）点，这是政府以公共体育设施为主的投资形式。为从根本上改变过去投资体育场地设施的政策取向，地方政府先后推动包括“公共体育指导

❶ 刘豪兴．农村社会学［M］．北京：中国人民大学出版社，2015：213.

服务”“公共体育信息服务”等软性服务在内的供给。

政府是投资农村体育健身（苑）点形式的主体。在城市化背景下，当地政府可以利用当地体育行政部门的预算内资金或体育彩票公益金，选择满足相应条件的村落公共用地，来建设符合广大农民健身休闲需求的体育设施。[1]

节庆体育、民俗发展模式和全民健身（苑）点模式在我国各个地区都相对常见，在发展农村公共体育服务的过程中，推行这两种模式时要把体育融入当地的经济社会中，努力将体育发展的现实意义凸显出来，如此不仅能在发展农村体育事业的过程中充分挖掘和发挥农村体育事业的作用，也有助于实现体育服务大众体育健身的社会需求。

四、全民健身背景下农村公共体育服务发展的困境与策略

（一）农村公共体育服务发展的困境

1. 农村公共体育服务的形式单一

近年来，为了促进农村地区的经济建设发展，我国始终致力于建设农业强国，旨在通过一些相关的惠农、富农政策促进农村发展的指导思想，有效地去推动农村地区的经济发展，不断提升广大农民群众的人均消费支出，积极地去改变农民群体的消费结构等，要让广大农民群众实现从生存型转变为发展型，让广大农民群众的生活得到良好有效地保障，全面提升广大农民群众的生活质量。但在具体的农村公共体育服务发展当中，大部分的农村地区公共体育服务主体，主要还是要依赖于政府层面的管理，很多的社会组织普遍缺乏积极参与农村公共体育发展建设的动力，从而导致当前我国农村地区的公共体育服务形式比较单一。因为在公共体育服务发展过程中，虽然政府部门的权力过于集中，但是在一些农村地区政府部门，却没有能充分地认识其自身职能在公共体育服务发展当中的重要性，所以也就致使我国农村体育服务的治理落后，还停留在主要以政府为主导、社会为辅助的发展形势，政企不分等问题较为突出，弱化了社会组织机构在公共体育服务当中的功能，导致社会组织在参与农村公共体育服务发展过程中，缺乏很强的积极性。农村公共体育服务属于民生的发展工程，所以其建设的周期不仅比较长、投资的风险也比较高，一些社会企业在农村公共体育服务建设当中，在短期内是看不到经济效益的，如果没有利好政策的引导，他们不会主动积极地参与农村公共体育服务建设。

---

[1] 孙锋．公共体育服务体系构建与运行研究［M］．长春：吉林人民出版社，2021：99.

2. 财政转移支付制度不完善

财政转移支付制度是由于中央和地方财政之间的纵向不平衡和各区域之间的横向不平衡而产生和发展的，是国家为了保障地方政府在公共服务事业的发展上具有足够的资金所提供的一种补偿性质的财政政策。[1] 转移支付是政府把以税收形式获得的部分公共资金转移到社会福利和财政补贴等费用的支付上，从而缩短区域间的经济发展差距。我国现行的财政转移支付制度虽然已经做过多次调整，但在一定程度上仍存在缺陷。究其根源：该制度下的税收返还方法采用的是基数法。基数法虽然能够调动高财政收入地区的积极性，但是对于低财政收入地区却是不利的。使用基数法时，处于最底层的乡镇政府能够得到的税收返还变少，因此面临着财政困难，无法保证良好的全民健身公共服务供给质量。由此可见，基数法使高财政收入地区与低收入财政地区的财政差距变得更大，同时增大了城市公共体育服务与农村公共体育服务之间的差距，不利于城乡协调发展。

3. 农民群众参与体育活动的意识不强

我国在农村公共服务治理建设当中，主要是按照自上而下政策来进行的，在这样的发展形态下很方便管理，但是难以根据农村群众的实际需要来进行公共体育服务建设，同时也会弱化农民群众积极参与公共体育服务决策的民主意识。大部分农民群众本身受文化水平影响等因素，其本身也并不知道自己也可以提升出对农村公共体育服务的需求权利。广大农村群众从来也没有意识到自己会享有参与农村公共体育服务决策建设的基本权利。因为农民群众把发展的重心放在了农业生产中，对公共事务的发展以及决策等问题的关注度是比较低的。当然，还有就是不少农村地区的地方基层政府也仍未及时转变传统观念，从来没有主动为农村群众解释过在农村公共体育服务发展中，农村群众也有着能参与决策的权利。还有不少地区在农村公共体育服务发展当中，为了过分地去追求集体化、统一性等发展目标，忽视了广大农民群众的个性体育健身需要，致使农村公共体育服务工作效率低下，不能为广大农民群众提供优质的公共体育服务保障，大大降低了广大农民群众参与农村公共体育活动的热情与积极性。

4. 供给主体单一

受过去计划经济体制和强调政府行政管理职能的影响，当前我国农村公共体育服务供给表现出高度的主体单一性。从政府在公共事务处理的能力上来

[1] 彭国华，庞俊鹏. 新时代背景下中国农村公共体育服务发展的路径选择［J］. 武汉体育学院学报，2019，53（2）：25-32.

看，政府自身能力的有限性和公共体育事务的繁杂性是一对矛盾体，即政府无法独自承担全部的公共体育服务供给责任，强行地、被动地供给是导致目前供给低效、低质等结果的主要原因。随着我国社会矛盾的转变，人们对体育需求的不断增大与政府供给相对不足之间的矛盾日渐突显。因此，加快形成一种由政府主导、社会和民众广泛参与的多元供给格局，不仅能够有效减轻政府供给压力，还能更好地满足人民的体育服务需求。但就当前我国农村公共体育服务供给情况来看，农村长久以来相对薄弱的经济基础使农民自身缺乏稳定的经济能力去承担供给责任，再加上农村公共体育服务投入的长期性与低回报性之间的矛盾，使社会组织和市场等主体难以介入，从而最终造成政府单一供给的被动局面。

5. 公共体育服务政策法规不够健全

当前农村在公共体育服务发展当中，相关的政策法规还不够健全，这是制定当前农村公共体育服务发展工作难以提升的重要因素，主要体现为以下四个方面：

第一，是政策法规决策主体的权威性不足。国家体育总局制定的体育法规比较多，但国务院最高级别机关制定的体育相关政策法规则相对较少，从而导致我国公共体育服务政策缺乏最高的权威性。在缺乏相关最高权威政策的支持下，也制约了我国农村公共体育服务发展。

第二，是当前农村公共体育服务法律体系的不健全。虽然，我国目前也制定了《全民健身条例》《全民健身计划纲领》，还有相关体育法的条例等，这其中也覆盖了有关农村公共体育服务建设方面的内容。但其主要是对现有的农村公共体育资源配置、公共体育服务管理等的规定，没有深入地探索与挖掘有关农村公共体育服务管理控制的标准以及一些奖惩机制的内容，这就导致了当前我国农村在公共体育服务发展当中的效率较低。

第三，在农村的很多地方，公共体育服务政策缺乏有效性。不少农村地区的基层政府部门，在下达农村公共体育政策法规和实施细则时，也并没有采用因地制宜的方式来制定，只是将中央决策或规定的文本性文件原封不动地颁布或执行，没有结合地方的社会经济发展、文化发展以及整体发展等来进行完善，从而导致很多地方的农村公共体育服务政策缺乏有效性，实施起来非常困难。

第四，部分地区的基层干部，在农村公共体育服务政策实施过程中，表现十分消极，通常以懒散、敷衍的工作态度来开展工作，在参与农村公共体育服务发展时，只是开展一些形式化的工作，来应付上级政府领导的检查，并没深入地去考察当地农村具体的发展情况，来推动公共体育服务发展，进行科学的

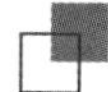

规划以及有效的治理，从而导致了我国农村公共体育服务的效率严重低下。还有部分地区在农村公共体育服务建设过程中，并未根据当地的民俗民风以及经济发展状况，来调整与改善当地公共体育服务发展的方式，从而导致我国农村公共体育服务功能在不断地弱化，并没有真正地为广大农民群众提供优质的体育服务。

6. 监督管理机制建设薄弱

体育监督管理是指各类监管主体依法对政府和公共事业组织等公共组织及其工作人员行使体育权利的行为是否合法、合理所实施的监察和督导活动。当前，我国农村公共体育服务不平衡、不充分发展的主要原因之一就是体育监督管理机制薄弱❶。具体表现在以下三个方面。

第一，监督方向不明确。公共体育服务在政府公共服务供给序列中本身排位就十分靠后，在这种情况下，农村公共体育服务的各项资源都十分紧张。因此，各类监督单位在监督时必须对“一厢情愿”式的、缺乏详细调查式的及不作为式的供给行为进行密切关注，严防此类现象的发生，从而保证公共体育服务资源的利用率。

第二，监督机构不完善。政府在提供公共事务时必须接受国家和社会的监督。当下农村公共体育服务中的经费使用、设施数量等方面工作的开展基本都是由政府和体育局相关人员进行监督，公民个人、社会组织、媒体舆论等社会监督主体缺位现象严重。这不仅不利于农村体育事业发展，同时也是滋生腐败、贪污等不良现象的重要原因。

第三，问责机制不完善。当前，农村公共体育服务在实践中出现违法、失责等现象时，政府部门通常是“集体负责”，其本着法不责众的观念往往最终都变成了无人负责。可以说这种现象为今后的公共体育服务供给埋下了很深的隐患。

（二）农村公共体育服务发展的策略

1. 加快推进城市与农村公共体育服务的协同发展

在全民健身背景下，加快促进城市与农村的公共体育服务协同发展是有效提升当前农村公共体育服务发展能力的最佳方式之一。相关部门首先应全面构建城市与农村公共体育协同发展的机制，为广大农村群众提供与城市居民一样的公共体育服务。具体可从以下两个方面来着手，积极地去推动城市与农村公

❶ 卢文云．统筹城乡发展中促进村落体育公共服务发展的策略研究［J］．北京体育大学学报，2018，41（2）：17-24.

共体育服务协调发展：

第一，要努力实现城市与农村公共体育服务发展的等效化。要将城市与农村公共体育服务等效化发展纳入我国总体发展的目标战略中，要在实践中不断地摸索，并及时调整，要严格按照城市与农村常住人口情况，有合理地、针对性地、全面地进行公共体育设施建设。要为城市与农村公共体育服务协同发展提供高素质人才力量支持，为城市与农村公共体育服务协同发展，提供可供调配的体育资金等，以此实现城市与农村公共体育服务资源合理化配置。在资金允许的前提下，要适当地去加大对于农村公共体育资金投入力度，要最大限度地对农村的体育硬件设施与软件服务进行完善，要将城市公共体育资源向农村倾斜，以全面促进全民健身背景下农村公共体育服务发展效率的提升。

第二，在全民健身发展的支持下，相关部门要为农村公共体育服务的治理工作提供有力经济支持，要让城市与农村公共体育服务协同发展有所保障，要适当加大公共财政资金的拨款力度。在促进城市与农村公共体育服务协同发展建设中，要依托城市与农村社会经济增长情况，来建立适合的政府财政支出机制，地区基层管理部门，要全面积极地去履行中央与省级政府的任务，大力推动城市与农村公共体育服务协同发展。

2. 完善财政支付转移制度

在现有情况下，如何通过财政转移支付制度实现农村公共体育服务均等化的目标就成了亟待解决的问题。首先，改革税收返还比例。虽然我国中西部地区农村在经济发展上相较于东部沿海地区来说仍然滞后，但可以通过在现有财政转移支付的基础上提高对欠发达地区税收返还的比例来逐步增加中西部地区政府的财政收入，从而在资金上为农村公共体育服务建设保驾护航。其次，建立地方性财政转移支付制度。由于目前的财政转移支付制度只体现在中央对省级财政上，对于位于我国行政体制末端的乡镇基层政府来说并没有直接帮助。因此在有条件的省份逐步进行试验，对于欠发达的市、县（区）、乡镇按照税收比例进行二次税收返还，从而让基层政府在对农村公共体育服务供给时做到“有心也有力”。最后，规范专项转移支付配套要求。专项转移支付的基本特征就是专款专用，而灵活运用专项体育拨款能有效提高欠发达地区农村公共体育服务发展水平。因此，中央财政部门在进行专项拨款时必须秉承“区别对待”的原则，对于西部一些特困的农村地区可增加其非配拨款的比重。

3. 创设多元化的农村公共体育服务形式

在当前全民健康背景下，只有建立多元化的农村公共体育服务发展的形式，才能真正地为广大农村群众提供更加优质、健全的农村公共体育服务。如果从消费理论来分析，体育是一种具有显著享受特征的消费产品，随着全民健

康意识的不断提升和农村地区经济的不断发展，在农村进行大力宣传与弘扬体育产品，促进农村群众积极参与体育消费将会有积极的现实意义。这样做的目标可以有效地推动农村公共体育服务模式，让农村公共体育服务可以朝着更加多样化的方向发展、过渡及转变，将全面促进农民对体育活动的需求提升。

第一，政府必须立即转换行政职能。政府在农村公共体育服务管理中，要负责促进农村公共体育服务的所有部门。因此，政府必须首先明确好自己所应承担的职责以及义务，要严格遵守“政策分离、政企分离、管理分离”的发展原则，从而对全民健身背景下的农村公共体育服务进行科学有效治理。

第二，促使农村公共体育服务发展工作走向市场化。在当前社会市场经济的发展背景下，在全民健身发展支持下，相关部门要积极得探索当前农村公共体育服务的市场化空间，要适当地放宽社会市场投资于公共体育服务的标准，可以通过一些特许经营、合同外包、内部市场化等多元形式，来拓展当前农村公共体育服务发展的渠道。通过利用市场的力量，来全面促进农村公共体育服务发展效果。

第三，要鼓励体育社会组织积极地参加农村公共体育服务发展工作。因为在全民健身背景下，农村的体育需要会大大增加，所以在农村公共体育服务发展当中仅依靠政府的力量是不能有效促进农村公共体育服务发展的，要向体育社会组织寻求一些帮助和扶持以发展农村公共体育服务。这需要相关部门结合地方农村公共体育服务发展的实际情况来制定一些利好的政策，以此来鼓励社会上的组织积极地参与到农村公共服务治理与建设当中。可以从地方基层以及民间体育组织着手，拓展一些利用农村公共体育服务发展的社会体育指导机构或是具有民办性质的社会体育组织。同时还要学会如何利用社会组织在农村公共体育服务发展当中发挥作用，要依靠群众的力量来大力促进农村公共体育服务发展工作的提升。要多为参与农村公共体育服务发展的社会体育组织提供一些专业性技术指导，以提升社会体育组织的服务能力，提升社会体育组织的专业公共体育服务水平。

4. 探索寻求多元供给主体

结合国内外先进经验来看，建立多元化主体供给机制，不仅能够有效减轻政府行政压力和财政负担，寻求农村公共体育服务的供给总量与效率之间的平衡，还可以更好地满足农民多元化、分层化和个性化的体育需求，提升农村群众满意度。在具体供给方式上，可以依据服务类型进行划分。一方面，对于体育场地设施、体育资金支持、体育活动组织等受益人数较多、需求偏好较少的纯公共体育服务，必须坚持“政府买单”的原则。对于某些发达地区农村来说，可以通过其成熟的社会组织来与政府共同承担一定责任，从而更好地满足广大农村群众的基本体育需求。另一方面，对于有偿开放的体育场馆、健身俱乐部和个性化的体质监测、体育健康培训等准公共体育服务，考虑到其投入成本较高、需求偏好较强、利润回报率高等特点，政府应主动放权，并通过提供惠及政策、合同承包、特许经营等方式，引导私人个体或企业来参与到供给之中。

5. 要健全农村公共体育服务决策机制

在全民健身背景下的农村公共体育服务发展过程中，相关部门要：

第一，先健全农村公共体育服务发展的决策机制。在农村公共体育服务发展当中，政府部门要积极利用现代传播载体向农村群众大力宣传公共体育服务发展理念。可以通过定期组织农村群众参与一些体育法律法规、体育健身知识、健康知识培训活动，促使他们充分认识到自身享有的体育权利和义务，让他们在参与全民健身当中懂得怎样维护好自身体育权益。

第二，要制定完善的民主表达机制。在农村公共体育服务发展当中，真正站在农村群众的角度去思考当前农村公共体育服务发展走向，要认真听取农村群众意见，建立符合农村群众实际的体育需求的农村公共体育服务发展管理机制。尤其是政府部门要不断完善体育行政信息承诺制度、听证制度、信息审查制度，并以此来促进农村公共体育服务发展效果，为农村群众参与全民健身体育活动提供良好的政策保障。

第三，要因地制宜开展农村公共体育服务发展工作。在开展农村公共体育服务发展当中，相关部门要采取因地制宜的形式来为农民群众提供不同层次的体育服务，要在尊重不同农村群众个性化体育需求的基础上进行公共体育服务发展工作；第四，体育学术界的专家与学者们应该积极地研究农村公共体育服务发展方案，为农村公共体育服务的发展提供更加具有科学指导性的方案。

6. 完善监督管理机制建设

目前，我国农村公共服务监督管理机制并不完善，要想推进农村公共体育服务发展，就必须加强监督管理机制建设。根据监督控制理论可知，有效的监督和控制有助于协调组织内各部门的工作，结合外部环境制定并实施组织计划，保证组织内各成员的能力能够得到有效发挥。[1] 结合监督控制理论分析农村公共体育服务可知，完善监督管理机制能够促使农村群众的健身需求得到满足，保证农村群众享受公共体育服务的权利，也有助于缩小城乡公共体育服务发展差距，促进城乡公共体育服务实现均等化发展。由此可见，建立一套科学

[1] 周冬，贾文彤，齐文华，等．体育公共服务监管问题研究［J］．河北体育学院学报，2012，26（2）：5-9.

有效的监管制度，对我国公共体育服务体系建设具有重要的意义。具体而言，可以从以下三个方面加强监督管理机制建设。

第一，明确监督方向。在进行监督管理工作时，首先要考虑从哪些方面进行有效的监管。一般而言，监督的目的在于纠正或惩罚违反规则的行为，以维护社会秩序和公正。在公共体育服务供给方面，明确监督方向能够有效防止供给主体滥用权利，也能有效缓解供给主体的不作为现象。

第二，加强监督主体的完备性与规范化。在农村，社会以及媒体缺乏对公共体育服务的监督管理，这是农村公共体育服务监督管理机制的一个明显缺陷，严重制约着农村公共体育管理体系的完善与发展。因此，完善监督主体是完善农村公共体育服务体系的一项重要任务。一方面，政府及相关机构应积极接受社会大众的监督，并及时向公众公开相关信息。另一方面，要充分发挥媒体自身的作用，通过各种途径向公众传播各类关于农村公共体育服务体系建设方面的信息。

第三，建立并落实问责机制❶。问责机制的缺失使得公共体育服务频繁出现贪污、腐败现象，人民的利益受到损害，特别在农村，部分人员缺乏责任意识，致使各种不良现象出现。因此，在农村公共体育服务体系建设过程中应该强化问责机制。一方面，政府立法部门有必要出台相关监督法律，以确保公共体育服务供给主体的行为符合规范；另一方面，要明确责任主体，当农民的体育权益受到侵犯时，要能找出相关负责人，并依法处理，追究责任❷。

7. 完善农村公共体育服务的政策法规

在当前全民健身发展背景下，只有完善农村公共体育服务发展的相关政策法规，才能有效促进农村公共体育事业的可持续发展。具体可从以下三方面着手进行：

第一，要重视农村公共体育服务发展政策的完善。在开展农村公共体育服务发展工作中，如果公共体育服务政策得不到重视，那么就会弱化公共体育服务政策的能力，这样就会导致整个农村公共体育服务决策机制流于形式而无法得到有效的落实。所以，当下在农村公共体育服务发展过程中，相关部门需要根据农村公共体育发展的实际情况，及时修改和出台一些权威的政策法规与条例。

第二，要重视农村公共体育服务发展政策实施的有效性。对于现有农村公

---

❶ 邢晓燕. 政策“趋同进化”视域下加拿大政府购买体育社会组织服务的借鉴研究［J］. 中国体育科技，2017，53（4）：3-13.

❷ 谈艳，陈德旭. 服务型政府公共体育服务职能创新的价值取向及结构调整［J］. 南京体育学院学报：社会科学版，2017，31（6）：72-76.

共体育服务发展政策应当全面、深入地研究和总结，找出农村公共体育服务政策在实践过程中存在的问题和不足，及时进行修订和完善。

第三，要积极地去完善农村公共体育服务的执行标准。在农村公共体育服务发展过程中，各地方在进行公共体育服务建设工作中，要严格遵循国家对于农村体育政策指导方针，根据当地实际的经济发展、文化发展的需要来有针对性地制定一些政策与法规，尤其要健全农村公共体育服务管理的机制，让农村公共体育服务发展能朝着更规范化和标准化方向稳步前进。

第三节　新时代全民健身背景下学校公共体育服务的发展

一、学校体育与全民健身的协同发展

（一）学校体育对全民健身的发展促进

1. 体育人口基础

学生是一个重要的角色，在学校的主要任务就是学习各种知识、掌握各种技能，为以后走出校园、进入社会奠定良好的个人素质基础。学校作为培养人才的重要基地，在体育教育方面就是要通过科学的体育教育促进学生的身体、心理全面健康发展，促进现代化素质教育的实现，为社会发展需要培养合格的人才。此外，在学校体育教学中，促使学生的体育欣赏素养得到本质提升，有助于学生的身心健康、全面发展，有助于学生成为一个拥有健康人格品质的人，这对于学生成为未来社会的合格建设者是十分重要的。

2. 体育意识基础

在校园开展体育活动，促进学校体育服务的发展，鼓励越来越多的学生参与到体育运动中来，有助于不断强化学生的体育健身意识。

体育意识表现在多个方面：

（1）体育参与意识。提高学生的体育参与意识可影响作为社会成员的家庭成员积极参与体育。

（2）体育规则意识。在体育运动参与过程中，运动者必须遵守相关体育运动项目的运动规则，这种规则意识可以影响运动者的日常生活，有助于良好社会秩序、道德的保障。

（3）体育精神意识。通过体育参与，接受体育精神、体育道德的洗礼，有助于学生的良好行为习惯的养成，并将良好行为习惯延续到日常生活、学习中去。

3. 培养良好体育素养

学校体育参与，无论是亲身投身到体育运动实践中，还是通过观赏各种体育活动间接参与体育活动，都有助于丰富学生的体育知识、体育精神、体育道德，有助于提高学生的体育文化素养，对学生更进一步地关注体育、参与体育具有重要的促进作用，对学生走出校园、在社会中直接或者间接参与社会大众体育活动具有重要帮助作用。

（二）学校体育与全民健身的相互促进

1. 校内外体育活动的融合发展

一方面，在学校体育发展过程中，应落实“健康第一”的指导思想，有效地增进学生健康、增强学生体质。为此，学校体育就必须走“课内外、校内外一体化”的整体改革道路。另一方面，学校体育发展不能仅局限在校园内，这是因为学生在学校的课内时间和空间毕竟有限，学校应该将校内外体育活动有机结合起来，将学生的课外、双休日、节假日的时间合理利用起来，同时将体育课程拓展到家庭、社区、体育俱乐部，以及田野、山林、沙滩等自然环境中，真正使学校体育冲破课堂束缚，使学校体育能顺应全民健身共同发展需求。

2. 大众健身与学校体育的资源共享

大众健身与学校体育发展应该实现资源共享，并且有实现资源共享的可能性。首先，学校拥有良好的师资力量、专业的体育场馆，这些人力、物力资源可在节假日向社会开放，充分促进大众健身的发展。其次，大众健身拥有广泛的群众性健身路径，如社区体育健身，这些健身路径可作为学生校外健身锻炼的有益补充。全民健身成果应当人人共享，包括在校学生。

二、学校体育与公共体育服务的互动研究

（一）公共体育服务与学校体育互动的必然性

在现阶段，我国的基础公共体育设施主要都是由国家投入资金，各级学校建设并使用。随着群众生活水平的不断提高、社会公共服务系统的不断完善，劳动、生活自动化程度的不断提高，生命的意义与价值不断深入人心，越来越

多的人加入全民健身队伍中，促使公共体育服务体系的不完善问题凸显出来。

1. 除学校以外的公共体育资源相对匮乏，严重制约着公共服务体系的发展和完善

学校体育设施资源相对丰富，但学校相关管理人员担心群众在校内进行体育活动而发生意外情况，所以大都回避此类校园开放。学校设施作为国有资产，应在完善各项管理制度、保证学校正常教学和训练等活动的前提下，充分发挥其体育设施资源的优势，向社会开放体育资源，既满足群众的基本体育需求，又避免因资源闲置产生资源浪费，通过实实在在的公共体育服务基础工作，为完善公共体育服务体系作出贡献。

2. 通过学校体育资源把学校体育与社区体育整合

以学校体育资源为基础、家庭为单位、社会为组织，把学校体育资源与社区体育活动有机地整合在一起，形成社区体育依托学校体育资源的公共体育服务体系，可以为促进全民体育健身起到重要意义❶。

第一，学校与社区相互协调、整合、发展，形成了公共体育服务最基础和广泛的发展模式。

第二，丰富公共体育服务内容、形式、渠道。学校体育通过课堂教学、课外兴趣活动等进行体育教育、教学活动；社区主要通过社区文体活动、小型竞赛等进行公共体育服务活动。如果将学校的体育场馆等硬件资源、体育教师等软件资源与社区的群众资源、社会体育指导员等有机结合，势必可以增加公共体育服务的内容、形式、渠道。只要学校与社区之间相互支持、互动发展，必将构成公共体育服务的重要组成部分。

第三，我国的公共体育服务一元化供给的格局在一定程度上制约了公共体育服务的蓬勃发展，因此，丰富供给多元化格局，挖掘培养可承担公共体育服务的非营利组织具有现实意义。如学校中的学校体育，学校有着充足的人力资源和健全的管理结构，在此基础上发展有偿或低偿服务，可以开拓公共体育服务新渠道、新模式。学校还可配合体育俱乐部、企事业单位承办多种健身活动和体育赛事。所以，各级各类学校具有稳定、庞大的教学资源、人力资源、物质资源是支持公共体育服务走出困境的重要渠道。

3. 学校体育与公共体育服务存在共同的交集

在校学生作为学校体育工作与公共体育服务的交集，两者进行有效的合作、互动是完成各自工作的必然选择，只有这样才会达到事半功倍的效果。

---

❶ 董翠香. 发达国家学校体育发展方式及其对我国的启示［J］. 体育学刊，2012（4）：72-76.

（二）学校体育对公共体育服务的延续性

在实际工作中，部分学校体育工作者忽视了社区、家庭体育教育，特别是学生在校外的体育活动，这严重影响了体育教育的延续性，也影响了“健康第一”指导思想的贯彻、实施。学校体育教育作为一项系统工程，具有很强的社会性，学生的体育教育工作不是仅凭学生在校的“每天一小时”，几节体育课就可以满足的，学校体育教育工作要在公共体育的发展的基础上进行完善。

1. 公共体育服务便于学生校外体育活动得到延续

公共体育服务将学生带入真实的社会体育中，这与学校的体育活动有着明显的差异。学校体育教育在实施过程中更加注意过程的安全性、原则性等，公共体育在这些方面是相对逊色的。公共体育服务体系在各个时间，接纳各种社会人群，进行各项体育活动，所以在提供服务的过程中具有灵活应变的特点。同时在竞赛的过程中由于竞技水平参差不齐，激烈程度、安全风险有时会超出管理者的预想，不如学校体育教育执行过程中教师对学生整体竞技水平的了解和便于管控❶。公共体育服务是在依据《全民健身计划纲要》的前提下，丰富学生的体育学习内容、活动空间，充分利用各方面体育资源，对学生进行社会性、开放性、实战性的体育教育、教学。

2. 将公共体育服务引入监督机制，构建合理的育人环境

在公共体育服务的基础上建立家长委员会，通过相关培训，使其深入了解体育教育的本质、了解学生在公共体育服务体系中的生活、学习、参与等情况，把体育教育落实到每个家庭中，使家长对公共体育服务体系的教育和管理情况进行监督，并提供有效的反馈信息。家庭是社会的基本单元，家庭教育对学生体育习惯的培养有重要的作用，通过公共体育形成家庭与学校间的互动，将构成学校体育教育工作和公共体育服务工作的一支重要力量。

（三）学校体育与公共体育服务互动构建

通过以下两种模式分析，公共体育服务可以将具体的公共管理交予学校体育完成，这样既减轻了公共体育服务的财政压力，又使学校获得发展空间，不断增强自身实力，更好地实现学校体育与公共体育的良性互促发展。

1. 合作模式

合作模式是指通过公共体育与学校体育协商，将部分公共产品与服务的提供由学校体育来承担。这样既可以使学校体育与公共体育各自发挥优势，又通

---

❶ 胡卫．学校体育新理念与新体系的构建［J］．体育科研，2008（3）：41-48.

过密切的合作提高两者的管理和服务的效率以及相互的协作能力。例如，政府向学校提供资金及相关支持，然后对学校体育工作进行检查、监督、评估，最后根据学校与社会的反馈信息进行相关工作调整。两者合作的前提保障是明确各自的权利与义务，以法规、条文的形式规划出两者在合作过程中的权责，可以最大限度地避免互相推卸责任等现象的发生。

2. 授权模式

授权是指公共体育管理机构以授权的形式，将部分具体职能转交学校体育负责。例如：首先，学校参与政府相关政策的制定，依照各项法规、制度开展相关活动；其次，学校接受政府的财政补贴及相关支持，也可向社会募集赞助，补充资金不足；再次，学校接受政府管理及相关机构、社会的监督；最后，学校要与政府、社会保持信息交流，接受监督，改进具体工作。

三、新时代全民健身背景下学校体育场馆公共服务升级的路径

（一）打造学校体育场馆服务综合体

学校体育场馆服务综合体就是把学校体育场地设施与休闲、娱乐、商业等业态融合，为消费者提供竞赛表演、休闲健身、健身培训、体育锻炼等配套服务。这区别于传统的仅提供场地和器械单一服务。综合配套服务能够满足不同消费者的需求，能带来可观的收入。颇丰的营运收入能在一定程度上解决传统的学校体育场馆维修费用高、服务方式单一、亏损问题严重等方面的问题。

（二）多元化公共服务供给

多元化公共服务供给，推动学校体育、大众体育、竞技体育和体育产业共享理念的发展，满足不同群体的多元消费需求，是学校体育场馆公共服务转型升级的关键所在。学校体育场馆公共服务是社会事业的有机组成部分，是衡量社会进步和人的全面发展的一项重要指标。全民健身背景下，我国学校体育场馆应提供多元化公共服务供给，满足不同群体消费需求，加快服务转型升级，创新服务内容。

（三）转变服务理念，以消费者为中心

新时代全民健身背景下，学校体育场馆须转变传统的服务理念，牢记以消费者为服务中心，这是实现学校体育场馆服务升级的首要环节。顺应“互联网+”时代潮流，明确服务理念，转变发展方式，明确服务发展战略，在战略

方面制定切实可行的服务发展目标，在战术方面实时调整，充分迎合消费者需求。坚持以消费者为中心，接受消费者的意见和建议，不断对学校体育场馆服务升级改造。

（四）树立网络思维，促进学校体育场馆公共服务转型升级

互联网技术手段的不断发展和成熟，为学校体育场馆公共服务的发展提供了无限可能，在借助互联网技术完善学校体育场馆公共服务过程中，要真正理解互联网思维、使用互联网思维方能有的放矢为学校体育场馆公共服务升级出谋划策。互联网思维是对工业化思维而言的，是一种商业民主化的思维，是一种用户至上的思维。互联网思维下的产品和服务是一个有机的生命体，互联网思维下的产品自带媒体属性，有互联网思维的企业组织通常是扁平化的。当然，这个概念有些抽象，核心是用户，主题是创新。门户体育网站与垂直类体育网站的差别是显而易见的，这种差异恰恰是垂直类体育网站遵循互联网思维的体现。牢记互联网思维，采用线上和线下两种模式促进学校体育场馆公共服务转型升级。

四、新时代全民健身背景下学校公共体育服务实施细则

（一）构建多元体育公共服务机制

学校参与体育公共服务的重要前提就是服务的高质量，其包括服务的便利性、公益性等。

第一，学校具有较为专业的体育教师，相对完善的体育设施，在满足日常体育教学活动后，完全可以为校外人员提供便利的体育服务。

第二，公平性政策在体育公共服务领域中的体现，指一定行政区域内的公民，不论处于何地何阶层，都能享用基本一致的体育公共资源和服务❶。

第三，《高等教育法》第二十四条规定，高等学校不得以营利为目的。在我国，大部分学校由国家出资办学，这种性质决定了学校提供体育公共服务的公益性。但公益性并不意味着完全免费，例如对于室外田径场、露天篮球场等可以适时免费开放，对于室内场馆等可以收取适当费用。对于一般性健身休闲辅导可免费，而专业性较强的辅导可以收取一定费用等。这样通过多渠道筹措资金来维护体育场地等的维护，也是为了更好地保持这样优质满意的服务。同时，正常体育教学与适时对外开放的关系、校外人员与校内师生之间关系的协

---

❶ 冯国有．体育公共服务均等化及其财政政策选择［J］．上海体育学院学报，2007，31（6）：26-31.

调等，都将是决定学校能否提供高质量体育公共服务的关键因素，因此有必要成立专门的组织领导机构来协调管理上的各种问题，这样就能够合理地选择符合学校自身条件的管理模式，最终高效支配现有资源。

（二）进一步完善管理制度

作为国家培养高级人才的基地，学校职能中教学科研的特点不能改变。学校可以在不影响正常教学的前提下，适时选择在课余时间和节假日，向公众开放体育场馆设施。一方面，学校、社团、社区等团体的参与既是对以政府为供给主体的有益补充，这就形成了政府、社会组织等不同群体共同为人们提供公共体育服务的多元化供给模式。这必然会分离一部分由政府包揽的服务，交由学校承担或学校与社团等联合承担。而此时的政府要做的就是提高相关政策支持，为学校、社团等创造和谐环境，从而进一步引导相关组织有序参与体育公共服务市场的竞争。另一方面，学校和政府等组织应是互补关系，同时明确界定学校和政府等各自的责任，建立两者良性互动模式。

（三）因地制宜

人们的基本体育需求包括体育技术指导、体育信息的提供和体育活动的组织管理等方面。当前学校向社会提供的体育公共服务还主要局限于对外开放体育场馆资源上。但事实上，体育场地资源缺乏只是我国社会体育资源严重短缺的一方面，另外还有体育社会指导员缺乏等各种人力资源的问题。因此，学校可以根据当地和学校的实际情况，提供丰富有效的、独特的体育服务，诸如健身指导服务、体育活动的组织安排服务、健身项目研究开发与推广服务、信息咨询服务等。

（四）提高学校公共体育服务的广泛受益性和效率性

学校具有体育资源优势，但使用效率不高，没有最大可能地补充社会公众的体育需求。因此，学校体育公共服务就是要提高体育资源的使用率。即：一方面学校可提供体育场馆、健身咨询、知识技能培训更新以及社区体育指导等服务，尽可能地满足社会的基本体育需求；另一方面要整合学校体育管理部门、后勤管理、物业公司等部门，根据学校自身实际情况合理选择适宜的管理模式，在保证服务质量的前提下，最大化地提高对现有体育资源的使用效率。同时在服务对象上也要通盘考虑，如校内师生、校外人员、青少年体育锻炼、中青年休闲健身、中老年休闲保健等。总之，学校体育公共服务的对象应该是尽可能广泛性的，让社会各阶层都尽可能地享受到学校提供的公共服务。

第三章　新时代全民健身公共服务内容体系变化研究

在全民健身运动快速发展的新时代，公共服务的内容体系发生了变化。本章将从全民健身公共服务发展理论、目标、特征、功能、环境的转变入手，对全民健身公共服务内容体系变化进行研究和探讨。

第一节　全民健身公共服务发展理论与目标的转变

一、全民健身公共服务发展理论的转变

（一）需要理论

1. 马斯洛的需要层次理论

需要是有机体内部的一种不平衡状态，它表现在有机体对内部环境或外部生活条件一种稳定的要求，并成为有机体活动的源泉。人的需要是多种多样的，按起源可分为自然需要和社会文化需要；按指向的对象可分为物质需要和精神需要。心理学家亚伯拉罕·马斯洛（Abraham Maslow）博士创立了一种需要层次理论来解释人们的行为动机，并按照需求程度把消费者需求分成五大类：生理需要、安全的需要、归属与爱的需要、尊重的需要以及自我实现的需要。

这五种需要都是人最基本的需要。这些需要是天生的、与生俱来的，它们构成了不同的等级或水平，并成为激励和指引个体行为的力量。关于低级需要与高级需要的关系，一般需要的层次越低，它的力量越强，潜力越大。随着需

要层次的上升，需要的力量相应减弱。人们通常在先满足了基本需要后才去追求更高层次的需要。但这也不是绝对的，对大多数人来说，不会有一种需求能够得到百分之百的满足；相反，需要层次越高，满足的水平就越低。马斯洛理论为我们从总体上了解人类行为，并具体了解消费者的行为提供了一个完整的框架，许多服务的提供都是为了满足消费者不同层次上的需求，体育健身也不例外。尽管马斯洛的理论很实用，且被广泛接受，但它并不能完全有效地解释现代消费者的行为。现代消费者的生活方式、偏好、预期和需求都因人而异，人们很难把他们归为某几个可以严格界定的群体，他们或许存在一些共性，但更多的是不同点。何况消费者的特征随着时间的推移而改变，其生活方式、偏好、预期和需求也在不断变化。因此，要求人们将消费者行为的变化作为一个独立的领域来进行研究。消费者行为学专家霍金斯（Hawkins）、贝斯特（Best）和科尼（Coney）在研究消费者行为时提出的一个重要的观点是：消费者的生活方式是影响和决定其需求和态度形成的关键因素。生活方式是由许多因素共同作用的结果，这些因素可以分为外因和内因。外因是指个人影响范围以外的控制力，内因是指根植于一个人体内或头脑里的内在因素。由此可见，我们可以部分地借鉴马斯洛理论来解释体育健身消费的需求特征和需求倾向。

2. 马克思、恩格斯关于人的享受需要和发展需要观点

马克思认为，人的生物学本能只是人的需要的自然前提，人的需要本身是通过实践，在改造自己的自然本性的基础上形成和发展起来的，人的需要与社会文明在实践的基础上辨证统一。恩格斯在《致彼·位·拉甫罗夫》的信中同意他的“人不仅为生存而斗争，而且为享受，为增加自己的享受而斗争”的提法，人类的生产在一定阶段上会达到这样的高度：不仅生产出生活必需品，还生产出奢侈品，即使最初只是为少数人生产。享受需要包含物质和精神两方面的内容。随着社会的不断发展，精神享受的内容越来越多，在享受中所占的比例也就越来越大。除了享受需要外，人还有发展的需要。

3. 亚当·斯密和涂尔干对人类需要的研究

涂尔干（Durkheim）对人类需要产生的原因研究与亚当·斯密（Adam Smith）不同，亚当·斯密从经济学角度、从人的物质生活出发研究人的需要，认为人类的需要源于人的本性，分工也是源于人要求交换产品的本能的倾向；而涂尔干则从社会学角度出发研究人的需要，他强调人的需要不是分工的原因而是分工的结果，实行分工使人们又产生了新的需要。农民所从事的劳动总归比不上城市工人辛苦，即使他吃的是粗茶淡饭，也一样能够保证自己的养分足够多。但对于城市工人来说，只吃青菜是不行的，他们整天从事着漫长而又繁重的劳动，消耗了机体内的大量能量，要想及时补养自己比较孱弱的身体是一

件比较困难的事情。需要的理论研究历史比较悠久，大约从古希腊时期起就被学者所重视、所研究。然而正是由于人类社会发展无止境，人的需要研究也在不断深化。经典作家们包括后来的人类学家马林诺斯基、美国芝加哥学派等都是在社会历史的大框架中、在不同的学术领域中提出了颇有建树的理论体系。本研究之所以将人的需要与体育健身服务的理论研究相结合，也正是时代的需要，即现代人要求对自身关注的需要所决定的。

（二）公共供求关系理论

1. 当代公共管理理论

当代公共管理理论主要包括公共选择理论、新公共管理理论与新公共服务理论。公共选择理论是将经济学中各种分析方法运用在政治领域，主张重新界定政府、市场、社会三者之间在提供公共产品与公共服务中的作用，主张缩小政府在提供公共产品与公共服务中的职能与作用，扩大市场与社会的作用。新公共管理理论主张引入市场机制改进政府公共产品供给机制与政府公共服务的效率，提高政府公共服务的绩效，运用非政府组织和民营部门从事混合公共产品的提供。

新公共服务理论恰是在与新公共管理理论的争论中产生与发展的。新公共服务学派认为在公共管理改革中应倡导参与式国家模式，强调保护公民自由，发挥非政府组织在公共管理中的作用，发挥民主特别是直接民主机制的作用。这个理论中最重要的观点是，政府的关键作用是社会方向的导航者，是促成公民表达共同意愿，并使之得以满足，而不是试图控制并将社会掌舵到一个新的方向。

2. 公共产品理论

公共产品的需求弹性理论主要包括以下内容：

第一，公众收入水平的提高，使得对政府提供的公共产品与公共服务的需求增加，而不同收入水平下公共服务消费模式的差异随着收入水平的提升，对社会服务支出的比重会增加。

第二，社会公共需求增加，对公共支出的需求必然增长，其结果就是要求政府相应地增加公共支出。

公共产品的供给结构演变理论与公共支出发展模型理论强调，由于现代政府公共产品供给结构的演变与政府职能的演变具有明显的相关性，而政府公共支出首先主要是维持性支出，然后随着维持性公共支出比重逐渐下降，经济性支出比重逐渐上升；随后是维持性公共支出与经济性支出逐渐下降，而社会性支出逐渐上升，这个规律进一步揭示了只有在经济达到成熟阶段，公共投资的重点才会转向社会服务方面。因此，也只有在经济发展达到较高阶段以后，公民才会享受到较高水平的社会性服务。

二、全民健身公共服务发展目标的转变

（一）全民健身公共服务发展的总体目标

全民健身公共服务总体目标是：以满足社会成员的基本运动需要为目的，着眼于提高居民身体素质和生活质量，既给居民提供基本的运动文化享受，又提供并保障社会生存与发展所必需的环境与条件的公共产品和服务。

建立完善科学的公共服务管理体系，包括：公共政策决策机构、机制，高效的公共服务提供主体，包括政府行政部门和主要由公共财政提供经费的公益性体育服务机构；合理的公共财政、土地、城市空间、人力资源等全民健身公共资源配置；提供种类齐全、服务质量稳定，能满足不同社会群体基本健身需求的公共产品和服务；科学的公共服务绩效评估制度。

要实现全民健身公共服务发展的总目标，应当围绕“全民健身”这一宗旨展开，将总目标分为短期目标、中期目标和长期目标，建立健全健身设施环境系统和公共服务融资系统，协调好不同地区、不同利益群体、纵向与横向以及城乡之间的发展。

具体而言，实现全民健身公共服务发展总目标，可以从以下四个方面入手。

第一，做好体育工作，坚持体育为人民服务的观念，积极开展全民健身活动，积极传播全民健身理念，增强公民对全民健身的认识，促进全民健身理念深入人心，提高公民参与大众体育活动的积极性，促进全民健身运动的普及和发展。

第二，各级政府和社会力量共同合作，加大对全民健身设施的投资力度，兼顾室内健身设施与室外健身设施的建设，同时满足男女老少各类人群的健身需求。另外，应该结合当地的经济水平和人民群众的健身需求，依据城乡公共文化健身设施用地定额指标，合理利用建设用地，优化全民健身设施配置和布局，使全民健身设施能够得到最大程度的利用。

第三，打造结合型全民健身公共服务融资模式，即政府、其他社会组织或者公民共同向全面健身公共服务提供资金，政府也可给予政策支持。在结合型公共服务融资模式下，资金来源是多元化的。让公民参与资金筹集，为公民增加了更多参与大众体育活动的机会和权利，促进全民健身活动的开展。

第四，由于经济水平发展不够均衡，目前我国全民健身公共服务状态还不够成熟，不同区域之间的全民健身公共服务质量仍然具有很大的差距，所以应该协调区域、城乡的全民健身公共服务进程，缩小居民个人所接受的全民健身公共服务的差距，尽可能实现全民健身公共服务均等化。

（二）全民健身公共服务发展的阶段目标

1. 公共服务近期发展目标

公共服务的近期发展目标，主要是针对一个时期的突出问题，需要集中力量解决全民健身公共服务供需矛盾集中的问题、全民健身公共服务的热点和难点问题。国际经验告诉我们，这一阶段公共需求会快速扩张，呈现出增长迅速、主体多元化、结构复杂化、需求多样化的特点。在加快工业化的进程中，人民群众对物质文化的需求不断提高，但由于公共财政体制尚未最终建立，公共支出结构还不合理，这导致政府提供公共产品和公共服务的能力较弱，具体表现为公共服务覆盖面窄、公共服务投入不足等问题。这一时期的主要特点是建立全面覆盖的、完整的社会保障制度和公共服务制度。全民健身公共服务近期发展目标是：全民健身公共服务以政府投入为主，逐步向多主体、多中心、社会化投入的阶段过渡。全民健身公共服务近期发展目标更侧重于区域全民健身公共服务建设与发展，与经济发展特区建设模式类似，部分地区优先发展，主要表现为区域内、区域间的全民健身公共服务水平的差距明显缩小。

2. 公共服务中期发展目标

社会经济增长阶段，是以公共服务为基础平台、经济与社会协调发展阶段，也是经济发展与经济增长最快的阶段。这一阶段政府全面、系统完善公共服务职能，强化公共服务基础设施建设，适度控制社会福利的增长水平。这一阶段全民健身公共服务制度建设、设施建设和服务体系建设基本完备，全民健身公共服务和全民健身公共物品政府投入与多主体、多中心与社会化并存，这一时期的全民健身公共服务目标会更多地侧重于城乡全民健身公共服务差距缩小，主要表现为不仅在区域内，而且在各区域城乡之间的全民健身公共服务水平接近。

3. 公共服务远期发展目标

目前，我国正处于以提升生活质量为主的发展阶段，在这个阶段，工业化进程加快，城市化水平迅速提升。提高公共服务数量和质量，完善公共服务制度和体系建设成为这一阶段的重要任务，在此基础上逐步向高收入国家行列迈进。我国全民健身公共服务发展的远景目标就是致力于缩小区域、城乡以及居民个人所接受的全民健身公共服务的差距，实现全民健身公共服务的均等化。

一方面，要构建适应市场经济要求、满足人民群众需求的多层次的社会保障体系，使全体公民都能享受到全面而有保障的公共产品与服务。同时构建一种合理的公共服务消费模式，扩大其覆盖范围，注重高效率和公平性。另一方面，全民健身公共服务的质量是公民生活质量的重要体现，通过广泛调动社会各界的力量，积极提供高质量的全民健身公共服务产品，构建集多元化和社会化于一体的全民健身公共服务供给模式，形成“多中心治理”的全民健身公共服务格局。

第二节　全民健身公共服务基本特征与功能的变化

一、全民健身公共服务基本特征的变化

（一）公共产品虚拟化

所谓公共产品，就是能够被大多数人共同消费或享受的产品或服务，也被称为“公共物品”“公共财货”。公共产品与私人产品相对，其特点有两个：非竞争性、非排他性。全民健身公共服务同样具有这些特征，传统的各类公共组织所提供的服务（如建设体育场所、转播体育赛事、提供体育用品等）一般都具有基础性、公益性和普遍性的特点。随着我国社会经济水平的不断提高，人们生活质量越来越高，对体育服务的需求更加多样化，尤其对大众休闲娱乐项目来说，这种多元化的需求更为强烈。因此这些公共产品将不再以单一形式存在，而是呈现出多样化的特征。例如，在传统的全民健身公共服务体系中，报纸和电视是转播体育赛事的主要媒介，而随着互联网的普及和发展，人们可以从更多渠道获取体育赛事信息，获取方式也更加便捷；同时，网络社区体育组织也开始兴起。随着时代的发展，传统的公共服务和公共产品正逐渐向网络化的公共产品转型，这一转变使得竞争性和排他性进一步降低，同时也逐渐消解了不同地区之间的差异，更重要的是，虚拟化公共产品在全民健身公共产品中占有更大的比例。例如，在网络化背景下，出现了大量以网络形式呈现的虚拟社区，即“虚拟”健身空间，在这个健身空间中，更多的公共产品体现为健身信息的交流。此外，随着网络技术的发展，人们对于网络上所发布的各类体育资讯和健身知识有了更广泛的了解，使得互联网成为大众获取体育锻

炼信息以及健身服务的重要途径之一。

（二）公共服务需求的多元与同一化

在鄂南地区，居民更多地倾向于跑步、健步走、广场舞等运动，其需求层次并不复杂；而在长三角地区，居民对于健身基础设施的要求较高，如健身器材的安全性、专业的健身指导等；其他地区的需求也各不相同，如不同研究者对陕西地区、京津冀地区等的研究分别表明了不同地区的群众对于健身的需求与公共服务的需求重点、层次都不同。但是，网络化的兴起与运用逐渐在消除不同地区之间的精神差异、文化差异以及观念差异，并间接地消除不同地区之间全民健身公共服务的需求深度与维度差异。健身本质上是一种现实活动，但在网络化的虚拟空间里，不同观念的碰撞促使不同地区的人群思想开始统一，思维壁垒开始打破，在全民健身公共服务领域，低需求层次地区在网络化空间中可能接触到其他高层次需求地区的健身与体育概念，这可能促使不同地区的全民健身公共服务需求趋向于同质化。

（三）服务来源的非政府化

就全民健身公共服务的提供者、服务的具体内容而言，传统服务主义和国家职能主义强调了国家对全民健身公共服务与其他领域的公共服务的职责所在，一般来说为社会提供的全民健身公共服务内容都具有国家性质与政府性质，比如健身公共场所、政府体育用品补贴、体育专业基础知识宣传专栏等。在新时代背景下，这类服务的来源与内容中的政府特征与国家特征开始消减，并开始呈现出市场化与社会化的特性。首先，在全民健身公共服务设施方面，市场化的服务供给机构如商业化健身房、市场化健身场所，一般由小区与外部机构协作运营；其次，在体育用品方面，网络平台所提供的采购途径渐渐取代了传统的政府供给；再次，在专业指导与知识技艺方面，社会化组织的全民健身公共服务志愿者如协会成员等承担了一部分专业指导的职责，降低了政府主体在该方面所承担的结构比例。同时，市场化的专业指导服务需求更加凸显，如有偿健身教练专业指导服务、网络专业体育健身交流平台、商业移动 APP 所提供的免费或有偿信息化指导等。也就是说，传统单一主体与单一内容的政府化模式已经由网络化平台、数据化技术转化为政府主体、社会化主体与市场化主体多元主体并存的模式，需要对不同主体、不同供给内容进行协同与整合。

二、全民健身公共服务功能的变化

（一）创新服务功能

正确的导向确定了整个全民健身公共服务体系运行的发展方向和目标，而以公众为导向则是全民健身公共服务体系科学发展的必然选择。全民健身公共服务体系的核心是“公共服务均等化”，即公民都应拥有平等获得全民健身公共服务功能的权利，其目的主要是将服务共享功能的覆盖范围进一步地延伸和放射。这需要扩大政府决策的公众参与度，即提供什么全民健身公共服务和如何提供全民健身公共服务需要依据公众意见。创新服务功能在其结构优化方面的目标是公民共享全民健身公共服务的满意程度，即对全民健身公共服务结果的目标定位就是全体公民对全民健身公共服务广泛性的满意程度。全民健身公共服务的成效集中体现在服务的有效性方面，有效的服务集中体现了公民满意度评价。全民健身公共服务体系以民为本，追求全民健身公共服务供给方式和手段的创新与再造。这需要扩大引入市场竞争机制以符合市场经济发展的要求，营造并发展政府与社会、各级政府与地方政府之间全民健身公共服务的协作机制，进一步完善政府在全民健身公共服务过程中的责任机制，最后以稳定的法制环境为基础优化全民健身公共服务体系的服务功能，这是实现和创新服务功能极为关键的先决条件之一。所以，国家应通过严格的立法和执法程序，规定每一位公民享有利用全民健身公共服务功能的权利，使公民的权利合法化、公开化和制度化。

（二）资源整合功能

资源整合是优化配置的关键。全民健身公共服务资源整合就是要优化资源配置，实现整体的最优，即达到配置的帕累托法则（即二八定律）和有效公平两个目标，并最大限度地满足公众全民健身公共服务的需求。从总体上来讲，全民健身公共服务资源整合就是推动全民健身公共服务资源的社会化、市场化以及民主化进程，进一步健全和完善“政府推动、市场拉动、部门联动、城乡互动、典型带动、全民齐动”的运行机制，积极整合政府的政策资源和经费资源，落实全民健身公共服务的科学发展观，实现亲民、便民、惠民、利民的总体要求。

第一，要通过建立资源共享机制，强化对体育系统内部场馆资源和社会学校场馆资源的整合，满足人民群众健身锻炼的需求。

第二，要加大地方财政在全民健身公共服务资源配置过程中的投入比例，提高供给效率，使其能够提供符合当地居民需要的全民健身公共服务。

第三，要制定鼓励公民参与制定社会体育指导员队伍的相关政策，重视提高公共体育工作者素质的教育和培养，并使之制度化和常规化。

（三）激励约束功能

激励约束功能不仅能够反映加快全民健身公共服务数量和服务质量的增长速度，而且能够促使全民健身公共服务和公共体育需求的发展变化实现紧密衔接。全民健身公共服务体系在为决策者提供借鉴参考的同时，也将评价结果反馈给被评价对象，使其明确工作中的问题并采取相应的措施。正面的评价结果可以激发被评价者的主动性，以更高的效率努力工作；负面的评价结果可以促使被评价者反思并改进。

全民健身公共服务体系通过政策导向以激励各种供给主体积极主动地依法行使其权利，在法律允许的范围内获得与之相关的最大收益，并能够做到禁止性和允许性条款规定相结合，充分发挥其激励与约束功能，为全民健身公共服务的快速发展提供有效的调控和保障。而在财政激励约束方面，依据绩效综合评价结果对全民健身公共服务提供主体的支持力度进行权衡，奖惩结合，充分发挥正向激励、逆向约束的作用，采取税收优惠、政府采购、财政贴息等手段吸引社会力量参与公共服务。

第三节　全民健身公共服务体系发展环境的变迁

一、政治环境

目前国内国际发展形势具有显著的不确定性，对我国民生的发展带来较大的冲击和考验，保障民生将成为国家一段时期以来的重点工作。在 2020 年全国两会上，政府提出加大“六稳”“六保”力度，扩大内需，保障民生，维护经济社会稳定发展大局的年度发展计划，并罕见地没有要求国家经济的增长指标，以促进国家更好地为保障民生积蓄力量。而体育需求作为民众发展的基本需求之一，也需要得到充分的关注和保障。

二、经济环境

受到国际环境变动影响，我国的经济发展面临十分严峻的挑战。体育行业在其中受到了巨大的冲击，包括全民健身在内的全民健身公共服务中的大部分服务产品都需要一定程度的人群聚集，在疫情防控期间这种聚集极易产生被感染的风险。因此，国家和民众对于体育行业的复工复产较为谨慎，民众对于前往上述场地的意愿也明显下降，使得全民健身公共服务持续停滞或低位运行。部分场地现金回流困难导致现金流断裂，出现危机甚至闭门歇业。

三、社会环境

近年来，多种事件对人们的生活观念产生了较大的影响。相比于其他目标，民众开始更加注重自身的健康，“有一个好身体”逐渐开始被社会重视。据支付宝数据显示，医疗健康类服务的销量迅速增加，尤其是体检销量，“95后”成为支付宝上医疗健康服务最大的消费群体，占比40%，而“90后~95前”则以27%的占比位居第二。这种意识的转变也一定程度上转变了民众对体育活动的认识，民众会为了自身的健康需求进行体育活动，从而使民众参与体育活动的需求增加，激发全民健身的需求。

四、技术环境

随着近年来移动支付、5G的快速发展，民众有条件将日常工作与生活“线上化”。统计表明大部分消费者在疫情期间尝试了新的消费方式，在此影响下新技术的地位得到了确立，技术的发展方向与其所代表的经济动向也随着疫情的出现发生变化。新基建的发展也将是国家的主要发展方向和国家实力的支撑。

第四节　全民健身公共服务体系建设的现状分析

一、全民健身公共服务体系建设的整体现状分析

（一）全民健身观念深入人心

从 1995 年到现在，我国全民健身已经开展近三十年。2014 年，国务院发布《关于加快发展体育产业促进体育消费的若干意见》中，要求到 2025 年，全民健身公共服务基本覆盖全民。随着我国广大人民群众的健身意识不断提高，健身人数不断增多，这就要求我国加快全民健身公共服务体系的健全与完善。

随着生活水平的提高，人们越来越热衷于健身，全民健身观念日益深入人心。为了满足全民健身的发展需要，实现 2025 年公共服务全覆盖的目标，必须建立健全全民健身公共服务体系，加快全民健身公共服务的发展进程。

（二）区域全民健身公共服务发展

据相关调查研究，现阶段在全国范围内，我国区域全民健身公共服务发展主要呈现出以下特点与发展趋势：

（1）不同文化程度、收入水平、职业、主观认知的居民对健身服务体系建设的满意状况评价存在显著差异。

（2）大众体育健身的需求逐年增强，当前的全民健身工程建设在一定程度上缓解了群众对健身场地设施的需求，但健身物质基础支持力度不足，影响了全民健身公共服务体系的构建与完善。

（3）全民健身组织体系日趋完善、社会体育指导员队伍不断壮大，但指导员数量整体不足、指导效率不高是新时期构建健全的全民健身公共服务体系必须重点解决的问题。

（4）全国全民健身示范城市试点工作进展顺利，体育彩票公益金的健身投入力度不断加大。

（三）全民健身公共服务体系运行机制尚未形成

目前，我国全民健身公共服务体系的运行机制和管理模式尚未形成，很多体育专家和学者也在这方面积极建言献策。武会利（2009）提出，应在政府、社会和市场的多元参与基础上，构建“政府支持、各方协作、社团管理、市民参与”的公益性全民健身公共服务。❶

全民健身公共服务运行机制的构建要与我国的国情相适应，要与我国全民健身的发展现状相结合，究竟哪种运行机制才是最为合理完善的全民健身公共服务运行机制还需要不断地进行科学探索。

（四）全民健身公共服务基础设施供需失衡

全民健身公共服务基础设施是进行全民锻炼的前提条件。目前我国全民健身公共服务基础设施在硬件上出现供需失衡的状况。与西方发达国家相比，我国全民健身公共服务基础设施不管是在数量还是质量上，都存在较大差距，人均普遍使用率占比较低。

（1）我国全民健身公共服务基础设施的利用率比较低。由于体育场馆收费普遍较高，人们望而止步，导致大量的体育场馆被闲置浪费，没有进行合理利用。

（2）资源配置上存在投入结构失衡。据《全国第六次体育场地普查数据公告》显示，我国体育场地基础设施存在城市多于农村，东部多于西部，竞技场馆多于群众健身场馆等现象。

（3）运营结构方式单一。我国全民健身公共服务基础设施的运营管理方式主要是以自主经营为主、以营利为目的，缺乏公益性主体。

（五）财政投入以政府为主，融资渠道单一

财政投入是全民健身公共服务构建的重要基础。我国全民健身公共服务在资金投入方面呈上升趋势，统计显示 1998—2013 年我国全民健身公共服务资金投入从 38.7 亿元增加到 299.08 亿元，年均增长 14.61%❷。虽然我国全民健身公共服务财政投入不断增长，但是公共体育财政投入还是以政府投入为主，融资渠道单一。而西方发达国家政府对全民健身公共服务财政投入占总体的 1/3，其他公共体育的财政投入主要是以体彩公益以及社会捐赠为主。相比西方发达国家，我国大部分社会组织以及企业不能从体育赞助中获取相关利益，赞助参与的积极性不高，导致我国全民健身公共服务资金投入主要是政府投入

❶ 武会利．公益性全民健身公共服务体系的建立与运行机制研究［D］．武汉：武汉体育学院，2009.

❷ 邵伟钰，王家宏．中国公共体育服务财政投入研究［J］．成都体育学院学报，2015，41（3）：36-40.

为主，融资渠道不够多样化。

（六）缺乏专业人才队伍，专业型人才储备不足

运动损伤是体育健身中常见的突发状况，有效预防运动损伤措施是建立在具有体育健身素养的基础上，具备一定的健身基本知识和科学的健身方法。截至 2014 年，我国共有 147 万名在体育方面的科学指导员，平均每千人仅占有 1 名体育活动指导员。而且目前在体育方面的科学指导员多为初级，整体素质不高❶。近几年全民健身公共服务的经营管理人员主要是由一些居委会非专业人士来担任，由于缺乏相关专业的理论知识和专业技能导致管理经营不到位、责任不明确。我国在全民健身公共服务中人才队伍薄弱，缺乏专业性人才储备，不能满足群众体育对健身指导员和专业管理人员的需求。

（七）强制性政策支持亟待完善

政策支持是对全民健身公共服务建设的有力支撑。强制性政策支持是影响全民健身公共服务构建的重要因素，包括公共性政策、法律法规性政策、社会保障性政策❷。《体育法》第二章第十一条建议对社会体育指导员的等级制度进行评估，社会体育指导员对社会体育运动锻炼者进行科学指导。但在进行社会体育活动时，大部分健身人群没有得到科学的指导。由于健身人群缺乏专业人员的指导，仅通过自己所储备的基本常识进行锻炼，导致在健身时容易出现运动损伤。社会保障政策是推动全民健身公共服务活动的重要体系和措施。但是，目前我国城乡全民健身公共服务存在非均等化现象。尚未建立均衡多样的公共服务保障，阻碍了全民健身公共服务的建设。

二、全民健身公共服务体系建设的区域案例现状分析

（一）苏州市全民健身公共服务体系发展现状

截至 2020 年，苏州市已基本建设完成与经济社会发展水平相协调的、条件良好的、能适应广大居民群众体育锻炼所需求的特色全民健身公共服务体系。具体而言，苏州市公共健身示范区的具体特征体现为：城乡全覆盖、组织

---

❶ 李梅．我国东、中、西部地区各级社会体育指导员发展状况分析［J］．体育科技文献通报，2015，23（7）：85-88.

❷ 冯爱云，王东红，任保国．全民健身公共服务体系创新政策研究［J］．沈阳体育学院学报，2013，32（6）：38-41.

健全、体育设施完备，活动内容多彩丰富、体育指导方式合理、可持续性高。苏州市公共健身示范区已经形成了自身的特色，在促进全民体育与文化、教育、旅游、卫生、民政、残联、老年人事业等领域的协调整合的成效已经得到明显展现。

1. 场地设施不断完善

苏州市一直以来坚持规划引导政策，尤其重视健身体育场馆的规划与整体布局。如在《苏州市体育设施布局专项规划（2017—2035）》中，以养老体育设施为切入点，注重对“立体式”老百姓身边的体育设施的打造。经过多年布局与规划，“区级体育健身中心—片区级体育健身中心—街区级体育健身设备”的体育设施覆盖网络，精准实现了对市（区）、县、街道（镇）、街区（村）四级体育健身民众需求的对接。此外，同时聚焦各机关部门、企事业单位的健身设备的优化与提升，并着力打造了“身边体育活动、身边体育组织、身边体育场所”的“三边”体育网络的特色。苏州市目前人均体育场地面积将达到2.8 m^2左右（按常住人口），全民健身站点已经有5000多个，“5分钟体育健身圈”已基本形成，市区健身站（点）3236个，总占地面积达3137269 m^2。各区县结合当地的特色、人口分布等，科学规划体育健身场所的规模、内容及服务半径。苏州市的城乡公园绿地、健身广场、慢行系统、健身步道、多功能运动场地、笼式足球场、各种篮球场、农民体育健身工程、体育公园等提升体育设施利用效率和服务功能。苏州的体育健身服务场所已趋于完善，设施建设将更加体现以人为本、为民服务。

2. 政府全民健身公共服务职能不断优化

苏州市政府充分发挥自身作用，增强全民健身公共服务能力。健身指导服务能力，是通过加大国民体质监测工作力度、建设完成国家体质检测中心与体育健身引导站、广泛开展志愿服务及公益活动等方式，让科学健身的理念深入人心。通过拓展体育系统政务网站的多元功能，建设完成全民健身公共服务基础数据库8个，建设完成全民健身体育场馆公共服务平台等，实现体育健身大数据时代的资源共享。公共体育人才队伍建设方面，通过设立公益性岗位提高基层体育管理人员配备率，提高社会体育指导员数量和服务质量，壮大全民健身器材巡查管理志愿者队伍等多种方式，推动全民健身公共服务创新发展。全民健身引导方面，利用自身优势实现对相关信息的宣传，实现全民健身的组织效能的提升。如利用多种媒体的宣传优势，在科学健身知识宣传、体育科学健身知识引导、体育健身意识培养等层面加大宣传力度。通过全民健身专栏、健身政策法规、公益广告等诸多形式，全面推进对市民健身服务的组织和宣传。

3. 健身选择多样化

体育运动活动的丰富性是衡量一个地区全民健身公共服务能力的标志。苏州市政府在全民健身活动内容的组织供给方面，逐步建立起以“全民健身日”和“全民健身月”为依托，以周末节假日体育活动为重要抓手，以体育组织建设为重要切入点的全民健身活动供给模式。首先，在健身日和健身月方面，将全民健身纳入地方性体育法规中，依据《苏州市市民体育健身条例》将每年 6 月 10 日定为苏州市健身日。为深化健身日的效果，苏州市政府正在探索在“健身月”期间的长期体育活动组织与开展模式，以期建立长期稳定的体育节日活动形式，强化健身效果。其次，以周末及节假日为契机，广泛举办全空间、全区域的地方性特色体育赛事或活动，吸纳广大民众的广泛参与。如，尽管在 2020 年受到新冠疫情影响，在体育节日期间举办体育赛事 372 次，直接参与人口超百万，其中乡镇以上活动 115 次，仅篮球和乒乓球赛就举办了 1588 场。此外，面对群众体育活动面广、各种需求旺盛的特点❶，政府主动引导各级社会组织参与体育组织的完善与构建。如“快乐周末”，依托协会、俱乐部每周进行比赛和表演。截至目前，苏州拥有一个囊括 40 余个市区级体育协会、60 余个社团和 3000 多家俱乐部的庞大体育组织。尤其值得指出的是，苏州市拥有一支数量庞大的社会体育指导员队伍，这为全民健身的有效组织与事实提供了直接性的人力资源保障。据数据显示，每万名市民中就有 25 名社会体育指导员，且其数量规模及指导质量具有稳步提升的趋势。

4. 全民健康体质测试体系保障了全民健身的效果

一个优秀的体质监测系统是全民健身公共服务体系进行自我检测的重要组成部分❷。苏州市政府在重视全民健身体系打造的同时，也积极探索并建设符合自身全民健身公共服务体系的检测系统。首先，“市—区县—乡镇街道”的三级市民体制检测系统试运行效果良好，标志着全民健康体质测试体系的基本构建完成。成熟配套的全民健康体质测试体系为市民体质检测提供了强大的支持，其每年测试的较高人口比例能适时地为全民体育健身提供可靠的检测数据。同时，为市民掌握自身锻炼状况，提供详尽的数据支撑。根据相关检测数据，市区常年体育参与人口比重高达 55%，市民身体素质逐年改善。根据国家体测标准，合格占比为 92%，优秀占比为 20% 以上。尤其是在各个身体机能指标上，成熟稳定的体测系统，为苏州市全民健身提供了准确的方向。

---

❶ 仝昕炜，员石，梁希．医体融合视域下全民健身服务发展对策研究［J］．当代体育科技，2021，11（26）：151-154.

❷ 向艳梅，周结友，陈亮．全民健身公共服务体系研究：成果、特点与展望［J］．浙江体育科学，2021，43（5）：12-18.

5. 苏州市全民健身信息平台建设

科技高速发展的时代，大量信息覆盖城市的每个角落，信息平台是人们当下了解信息的一个主要途径，人们参加体育健身活动需要正确的、科学的信息源。苏州市在全民健身公共信息体系建设上不断创新思路，加大资金投入，在原来多种宣传渠道的基础上，利用多种自媒体扩大投放信息的范围，信息平台设置健身专栏，根据群体的不同需求制作更加生动化、人性化和个性化的宣传材料，邀请知名健身专家、医生、营养专家定期讲授培训健身知识、运动处方的制定、养生知识和饮食文化❶。苏州市民在平台上可以获取自己所需的知识。多元化全民信息公共服务体系的建设，方便人民群众共享体育健身资源❷。全民健身信息体系主要是为人们提供就近的健身站点、健身组织、科学的健身指导、有用的健身知识和健身技能等方面的信息，人们通过平台信息的流通和传递，方便沟通、联谊自发组织健身团体、相互交流健身经验和心得。这样在极大地激发市民健身的积极性的同时，也提高了市民健身活动的有效性，从而充分发挥全民健身公共信息平台的最大效能。

（二）山西省全民健身公共服务体系发展现状

1. 全民健身公共服务制度建设

公共体育政策法规是全民健身公共服务健康、有序发展的基本保障，公共服务建设制度比较薄弱是全民健身公共服务体系发展较慢的一个重要原因。国家层面的政策法规全面地惠及各个地区和群体，关于城市与农村、扶助弱势群体的相关文件将欠发达地区和弱势群体的公共服务放在了突出的位置。山西省虽然根据国家政策并结合自身的经济情况和文化特点制定出地方性文件法规，但是具体到城市与农村，残疾人、老年人、青少年等弱势群体缺少针对性的文件。全民健身公共服务缺少有针对性的具体可操作性政策，其内容和形式、实施单位与政府未达成协调统一，结构不合理；制定的政策并未与要实现的结果与面貌进行统一的规划，使全民健身公共服务建设发展缓慢。而且山西是一个多农村的省份，对农村的扶持力度对全民健身的实现起着重要的作用。

2. 体育社会组织

全民健身体育社会组织是政府开展公共服务工作的承担者。从中华人民共和国民政部每年发布的统计公报中可见，体育社会组织的数量每年都在增加，

---

❶ 林丽芳．健康中国背景下我国农村公共体育服务体系构建研究［J］．湖北科技学院学报，2021，41（4）：99-105.

❷ 于迎冬．全民健身公共服务体系建设的研究［J］．中国市场，2021（7）：111-112.

体现了体育社会组织在全民健身公共服务建设中的影响力越来越大。在山西省11个市、76个县（市、区）成立了体育总会，县级以上单项体育协会达到1199个，即使越来越多的人关注体育，但目前的数量还是不能满足群众的体育需求。在农村地区的体育类组织仍较少，举办的活动形式单一，体育社会组织的功能没有得到很好的发挥。

3. 社会体育指导员队伍

社会体育指导员队伍是发展我国群众体育事业和全民健身公共服务体系的重要力量。[1] 群众在体育锻炼过程中需要有专业的科学指导，而社会体育指导员专业的运动理念能够满足他们的需求。目前山西省注册社会体育指导员53089人，每千人公益社会体育指导员达1.5人，基本达到了1.5%的标准，全省全民健身站点平均达每万人3个，但是还没有真正形成社会化的全民健身组织网络系统。同时，社会体育指导员的待遇较差，经费补助较少，也未给指导员们一定的保障。根据调查发现，认为应该有高水平的健身指导员对其健身活动予以科学指导的居民有65.7%，但只有13.6%的群众在健身时有社会体育指导员进行指导，而且农村指导率远低于城市。这表明现阶段山西省社会体育指导员对居民进行的体育指导还远不能满足广大居民的需求。

4. 体育信息平台建设

人们获取体育健身相关信息资源服务的途径除了到规定体育健身场所外，也可通过网络渠道进行搜索下载，选择适合自己的体育健身项目、内容，因此，“互联网+”体育健身信息平台的建设就显得尤为重要。山西省的体育健身服务平台除了山西省及各县市的官方网站、公众号之外，还有“山西省体育产业资源交易、信息平台”，其官方移动端运营平台为“启动APP”“山西社区健身服务平台”“山西全民健身公共服务平台”，但这些平台多为推出各种资讯，针对居民的实用类信息较少，在山西省体育产业资源交易、信息平台中有一项大型场馆免费低收费开放对体育参与者有切实可行的意义，但比较详细到项目的较少。山西省的体育信息平台较少、实用性较差，对推进全民健身公共服务的效果不足。其中值得一提的是，“山西省体育产业资源交易、信息平台”成功入选2018年全国体育产业重点项目，赢得了体育总局和全国体育界的高度关注。

5. 体育场馆设施

山西省现共有公共体育场馆1256个，建有乡镇全民健身活动广场1196个，农村农民体育健身工程30749个，全民健身路径工程21863个，已经基本

[1] 阿宁．全民健身概论［M］．成都：四川教育出版社，2006.

实现了省、乡镇、行政村（28200个村庄）公共体育健身设施全覆盖，人均体育场地面积达到1.5 m^2（国家标准1.8 m^2）。其中全省体育系统中公共场馆1256个，对外开放率为80%，全省学校体育设施14100个，开放率为12%，学校的体育设施开放率较低。目前基层农村（社区）公共体育设施日常维修管理机制不够完善，群众体育场地设施比较落后，设施器材陈旧（超过使用年限）、一些损坏的设施器材得不到及时维护与更新，存在较大的安全隐患；体育场馆的运营体系不健全，缺乏适应市场的主动性与积极性，场馆不能从现实诉求出发。通过调查发现，城市社区与农村乡（镇）的体育场地设施还存在较大的差距。对城市社区与农村乡（镇）居民的问卷调查可以看出，农村乡（镇）体育场地设施建设整体比城市社区落后。

6. 国民体质监测与“体医结合”

通过体质监测可以减少运动损伤，让科学的健身方式走进每一个人的生活中，山西省每年接受体质监测的人数大约3万人，这个数据远达不到全国的平均人数。

但部分城市在体质监测、慢病患者管理方面作出一些尝试，取得一些成果。例如，运城市提出了社区“体医结合”的构想并予以实践。一是大力推广体育与社区卫生体质测试相结合，在社区街道设立体质监测中心，提供监测服务；二是提倡非医疗健康干预手段，以科学健康的运动指导慢性病患者，进而减少慢性病的发生。成立了“1+1+2”的健康保障团队，即1个居民自我管理小组长（病友推荐），1名社区医生再加上1名社会体育指导员，其中基本的医疗保障由社区医生提供，社会体育指导员可对慢病患者进行运动干预的科学指导。例如，太原市一些地区慢性病患者增多，为解决这个问题社区老年人体育协会和区卫生局邀请市级医疗机构专家，有针对性地制定运动处方，不仅能有效解决老年人在运动过程中健身不当而受伤的问题，也可有效缓解慢性病症，一举两得。经过几年的实施，使许多老年人受益，效果显著，也减少了一些医疗费用。

第四章　新时代全民健身公共服务供给机制研究

随着现代社会的快速发展，在生活质量得到有效保障的同时，人们对物质之外的精神方面的需求越来越多。在此背景之下，作为第三产业的服务业获得长足发展，成为当前社会中的朝阳产业。随着人们对健康的逐步关注，对健身方面的需求也越来越多，全民健身公共服务的发展也越来越快。供给机制在全民健身公共服务中起着至关重要的作用，本章主要对新时代全民健身公共服务供给机制进行系统研究。

第一节　全民健身公共服务现行供给机制及问题分析

一、全民健身公共服务现行供给机制

（一）政府与社会分担机制

全民健身公共服务提供的政府与社会分担机制就是指政府充分利用市场和社会的力量来改革全民健身公共服务，降低全民健身公共服务成本，提高全民健身公共服务的质量和效率。它的实质是试图将政府权威制度与市场交换制度的功能优势复合配置，重塑政府与社会的关系，形成一种供给全民健身公共服务的新的制度安排。

全民健身公共服务提供的政府与社会分担机制，首先必须确定全民健身公共服务社会的范围，并不是所有的全民健身公共服务都是可以用社会分担的方式来提供的，这要由全民健身公共服务的性质和供给效率来确定。在不同的全民健身公共服务供给中，政府应发挥不同的作用，相应的社会化程度也有所不同。对于政府无法承担的大量准公共性质的全民健身公共服务，市场也无法解

决这些问题时，将由非营利性组织来填充补位。以强制力为基础的行政职权不宜交给非营利性组织或市场主体来承担，但全民健身产品的提供和全民健身公共服务的供给可以并且也应该交给非营利性组织。非营利性组织和政府并非彼此替代、互相冲突的关系，而是相互配合、相得益彰的关系。

非营利性组织承担公益性和准公共性质的全民健身公共服务的任务。这类全民健身公共服务主要是针对个体和特殊群体提供的，个人受益大于社会受益。相对于政府和市场在全民健身公共服务中供给不足的问题，非营利性组织延展服务的补充不可或缺。

企业营利主体向社会提供差别化个性全民健身公共服务。政府强调的是整体服务，而其他主体强调的是个性化服务，这就决定了市场的方法排斥整体性服务的需求，而关注个人需求的满足。个人需求是有差异的，营利性组织供给全民健身公共服务则是对消费者需求细分的一种回应，对个人需求的满足体现的是全民健身公共服务的延伸。然而，营利性组织提供全民健身公共服务的出发点在于从服务中获利。全民健身公共服务的市场化将有形产品作为服务的载体，使不愿平均无差别享受全民健身公共服务的公众可以在自愿多付费的前提下进行选择，从而享受到更多更优的服务。市场不能解决全民健身公共服务的提供，但可以解决部分全民健身公共服务的生产。营利性组织会以实现社会效率最大化的方式来供给全民健身公共服务，为政府生产全民健身的消费品或提供服务，再由政府提供给公众，或者直接针对社会成员提供有差别的付费服务。

（二）以效率为向导的全民健身公共服务提供机制

1. 政府参股提供机制

在私人投资提供的全民健身公共服务中，政府以不同的比例参股。政府参股又分为政府控股和政府入股。政府控股主要针对那些具有举足轻重地位的项目，政府入股主要向私人企业提供资本和分散私人投资风险。政府参股的比例不是一成不变的，项目在建初期，政府股份一般较多，一旦项目进入正常经营阶段并能获得稳定收益时，政府便开始出卖自己的股份，抽回资金转向其他项目。

2. 政府经济资助提供机制

当政府考虑到某些全民健身公共服务的社会受益与私人提供者的私人收益之间不对称时，会选择性地对提供这些全民健身公共服务的企业给予经济资助，以确保其提供对全体公民有效的全民健身公共服务。通过这种模式，政府可以间接进行收入再分配。这种收入再分配主要用于那些盈利性不高或只有在

未来才能盈利、风险较大的公共品。具体资助的方式有补贴、津贴、优惠贷款、无偿赠款、减免税等。

3. 合约出租提供机制

政府将一部分全民健身公共服务的生产推向市场，具体做法是政府主管部门与在竞争中获胜的私营企业就某种公共品的生产签订合约，当私营企业完成任务并达到合约规定的标准时，政府支付合约规定的报酬，这种形式主要适用于具有规模经济效应的自然垄断类公共品。通过招标的方式选择，目的是借助投标者之间的竞争将公共品的生产成本压低到边际成本加正常利润，使这些公共品可以以较低的成本实现供给。

4. 政府购买提供机制

政府通过合约将全民健身公共服务的生产委托给一家私人企业，然后购买这些公共品。具体做法可以以政府与企业签订的合约为前提，也可以不以这种合约为前提而直接到市场上购买，在实践中我们也称为政府采购。它是在严格的监督机制下，通过采用竞争性招标的办法引入竞争机制，在保证质量的前提下，降低采购成本，提高财政支出的效率。

5. 特许经营提供机制

特许经营是一种私人团体为提供服务而从政府手中长期租赁资产的行为，私人团体在此期间有责任为特定的公共品投资提供资金，这些新的资产在合同期满时将返还给政府部门。具体操作也是通过招标的方式将特许经营权授予出价最高的企业。

6. 合同外包提供机制

从起源上追溯，公共服务合同外包的理论和实践源于西方，是西方行政改革浪潮中一项重要的制度创新。公共选择理论、新公共管理理论和治理理论的出现有力地推动了西方各国政府的变革。在这场席卷全球的政府改革浪潮中，公共服务提供机制的市场化改革十分引人注目，面将公共服务项目承包给私人机构，即合同外包，便是其中最为重要的制度安排之一。

（三）竞争和市场机制

在竞争和市场机制影响下，全民健身公共服务的提供者是由公民来决定的，为了获得公民的认可，公共服务提供者所提供的服务的质量必然不断提升。一方面，引入竞争机制，可以促进众多全民健身公共服务提供者不断提升自己的服务质量，公民可以从这些全面健身公共服务提供者中选出最优对象，以更低的价格获得更优质的技术和服务。另一方面，引入市场机制，能够打破政府等行政部门对全民健身公共服务的过度干预或垄断，利用市场力量优化全民健身公共服务供给。由此可见，竞争和市场机制是全民健身公共服务提供者不断优化服务的重要推动力，能够有效改善全民健身公共服务供给质量。需要注意的是，市场化服务方式并不是全民健身公共服务供给的唯一选择，还可以采用其他供给方式。

（四）“多中心”治理机制

凡是政府必须提供的全民健身公共服务，政府可以采用招标、承包、委托等市场化手段，把一部分全民健身公共事务通过签订行政合同，交给企业、非政府组织、公民个人等来经营。要强调政府、非政府组织和公民之间的平等协商与合作。合作是社会发展不可或缺的条件，治理的实质是合作，是建立在市场原则、公共利益和共同认识基础之上的合作，是把各种管理主体（政府、非政府组织、公民个人等）变成一种合作伙伴关系，建立各种各样的协商合作组织。它要求多用协商手段，慎用强制手段。凡是公民个人和非政府组织能够独立自主解决的事项，政府就不要插手；凡是市场可以解决的问题，政府就不要介入。

综上所述，全民健身公共服务“多中心”提供机制对政府的治理结构产生了重大的影响，这意味着政府的治理模式正在发生变化。由以政府为核心的单中心治理机制向以政府、私人和第三部门为多中心的治理机制转变，也对政府角色进行了重新界定和调整，即政府应该从健身公共产品和公共服务的直接提供者与生产者转化为健身公共产品和公共服务的购买者与管制者。

二、全民健身公共服务现行供给机制的问题分析

（一）传统行政管理体制的弊端

当前我国全民健身供给机制仍然是采用传统的行政管理体制——政府包办健身，政府对健身事业管得过死，健身事业的市场化程度很弱。尽管目前我们已引入了国际上通行的“公共管理”概念，努力将传统行政管理向现代公共管理转变——这也是当今世界各国行政体制改革的一项基本内容，但是健身供给领域中传统的管理体制依然带来诸多弊端。

传统行政管理体制导致了健身非政府组织力量非常薄弱，其提供全民健身公共服务的能力有限，而社团登记导致的双重管理，经费的制约和多年来对政府的依赖等，这些都使非政府健身组织难以具备较高的提供全民健身公共服务的能力。

传统行政管理体制带来了政府供给主体单一、供给服务对象有限和全民健身公共服务覆盖面较窄的问题，政府、健身非政府组织、企业、个人等都可以成为全民健身公共服务的供给主体。然而传统行政管理体制不仅制约了健身非政府组织的发展，同时也制约了健身行业内市场组织的发展。

（二）各级政府职能不明晰

目前，在全民健身公共服务供给过程中，各级政府的职能并不明晰，既扮演着生产者的角色，又扮演着供给者的角色，也就是说，一些原本应该由上级政府投资管理的事务，却转移给下级政府完成；一些原本应该由政府提供的服务却转移给市场去提供，这就导致了资源分配不均、工作效率低下等弊端。政府在考虑自身与市场的互动时，缺乏必要的思考和权衡，未明确政府在全民健身公共服务体系建设中应该承担何种职责，未充分考虑到自身的发展方向和市场潜力，也未厘清自身与市场的关系。全民健身公共服务供给应以社会需求为导向，政府应该承担起相应职责并给予一定程度上的激励。当前，政府过度干预全民健身供给，导致我国全民健身公共服务的效率和活力不足。政府在全民健身公共服务供给方面理应扮演管理者、监督者、服务者和部分供给者的角色，而不应该垄断全过程。在全球经济一体化的浪潮中，我国政府需要及时更新思维模式、明确职责范围、加强自身建设、成为全民健身公共服务供给建设的指导者。

（三）政府垄断单一性的供给机制

长期以来，我国体育行政部门一直是我国全民健身公共服务供给的绝对主体。决策者的“官僚偏好”往往与其效用函数联系在一起，在集权决策机制中，全民健身资源的配置高度依赖决策者们的“偏好”系统。因此，在社会全民健身公共服务需求不断增长的情况下，这种“政府包办”的单中心全民健身公共服务供给已不能满足多样化与多层次的全民健身公共服务需求。现实情况下，由于健身行政部门把竞技健身成绩作为健身工作的重要考核标准，形成了竞技体育健身产品在非意愿选择下的过分供给，其他全民健身公共服务项目的供给不足的局面。全民健身公共服务供给的主体不仅包括政府的体育行政部门，非政府组织（体育社团、体育基金会、民办非企业体育单位等）、企业、个人等都可以成为全民健身公共服务的供给主体，它们出于公共利益目的的体育事务都可视为全民健身公共服务范畴。

政府垄断单一性的供给机制还制约了社会健身组织的活力。近年来，我国各种社会组织发展迅速，并开始承担部分全民健身公共服务职能。但由于体制及政策性障碍，社会组织提供全民健身公共服务的作用尚不能充分发挥。大量的民间健身组织虽然开始深入社区和乡村，但仍然受到众多体制和制度的约束，多数民间健身组织在管理及活动组织等方面受到的影响及阻力太大，不能充分发挥作为“百姓身边的活动组织者”的功能。大部分体育企业也由于全民健身公共服务的市场约束和企业社会责任感不强等因素，尚难以扮演好全民健身公共服务提供者的角色。❶

（四）组织管理体系不健全

从组织类型上看，中华人民共和国成立以来，我国已建立起较完善的体育行政管理组织体系，但是社会体育组织和市场组织体系还不健全。根据全民健身公共服务供给比较完善的发达国家的经验，要推动全民健身公共服务供给的健康运行和持续发展，就必须把公益性和市场化有机结合，以公益性为主导的运行机制体现了社会体育的大众化和服务性。随着我国竞技体育和群众体育的迅速发展，建立适应社会主义市场经济内在需求的高效、持久的多元化运行机制是当下和未来我国全民健身公共服务发展的重要任务。与此同时，社会体育组织建设也必须与之同步进行。在公益性的基础上，要积极培育公民参与全民健身活动的机制，建立和完善以政府供给为主体，以体育协会和体育俱乐部等社会体育组织为辅助的全民健身公共服务供给体系，推进全民健身公共服务供给的市场化进程，建立社会化的体育服务网络，丰富全民健身公共服务供给的内容，逐步形成体育信息、体育指导、体育培训、体育设施、体育竞赛、体质监测服务供给等全方位的具有中国特色的全民健身公共服务供给格局。

从组织结构体系来看，目前我国全国性和地方性的社会体育组织都比较多，但基层体育组织数量不够多、规模不够大，难以满足群众日益增长的健身需要。基层体育组织隶属体育社会团体，在一定程度和范围内承担着政府社会体育管理与协调的职能，在政府和社会之间起着桥梁与纽带作用。

---

❶ 肖林鹏，李宗浩，杨晓展，等．论我国公共体育服务的供给困境［J］．山东体育学院学报，2008（8）：1-4.

第二节 新时代全民健身公共服务供给机制的发展与完善

一、全民健身公共服务供给机制的发展

中华人民共和国成立以来，无论是政治、经济还是社会、文化等领域都经历了翻天覆地的变化，社会制度蜕变的影响延伸至各个方面，我国全民健身事业的发展经历了从贫瘠匮乏到丰富完善的逐步变迁，全民健身公共服务供给机制也经历了从中华人民共和国成立初期的空白到现在的多元参与的变迁历程。本书依据主要的政策变革、重大的历史事件、关键的时间节点、社会经济的发展水平等因素，将我国全民健身公共服务供给分为四个历史阶段，总结各历史阶段我国全民健身公共服务供给的背景、模式、特征，从而为新时代全民健身公共服务供给的发展趋势、困境与出路作出定位和分析支撑。

（一）政府单一供给建立阶段（1949—1978 年）

自 1949 年中华人民共和国成立至 1978 年开始实行改革开放政策的这段时期，我国的公共资源较为匮乏，社会制度与经济建设处于起步阶段，“全民健身公共服务”的概念尚未明确提出。在传统的计划经济体制下所谓全民健身公共服务主要也是由国家行政机构垄断，政府部门是全民健身公共服务供给的单一主体，所以这个时期的政府行政组织既扮演“管理者”的角色又扮演“决议者”“生产者”“执行者”等多重角色。对群众健身的发展更加强调行政命令式的领导模式，主要由 1952 年成立的国家体委与中华全国体育总会负责与督促全国的体育事业工作的推进，相关体育健身产品的供给由政府机构全权包揽，同样也由政府单位出资建设。该阶段我国全民健身公共服务供给发展较为缓慢，还缺乏适当的竞争动力机制，体育健身事业的公共服务能力和供给水平较低❶。

（二）部门合作供给初探阶段（1978—1992 年）

自 1978 年我国开始实行改革开放政策后至 1992 年提出以社会主义市场经

❶ 金涛．我国公共体育服务发展的历史考察［J］．体育成人教育学刊，2018，34（2）：71-75.

济体制为建设目标的这段时期，我国明确了以经济建设为中心的发展工作任务，群众体育健身事业领域也得到了相应的重视，1984 年在《中共中央关于进一步发展体育运动的通知》文件中就曾提及要促进全民健身公共服务的市场化转变。虽然全民健身公共服务供给的发展环境得到了一定的改善，但在建设初期我国的全民健身事业还处于恢复阶段，人均体育健身消费实力与体育健身市场贸易水平受“路径依赖”等因素影响发展依旧缓慢，政府行政单位仍然是此时全民健身公共服务的主要供给主体。不过此阶段供给渠道的狭隘与财政压力的增大使得国家体委等行政单位已经逐渐意识到全民健身公共服务不能仅采取单一供给模式，行政机构内不同部门间的互补式供给模式开始形成，以弥补全民健身公共服务供给短缺的现象，我国全民健身公共服务供给处于萌芽阶段。

（三）市场嵌入供给发展阶段（1992—2008 年）

自 1992 年我国提出以社会主义市场经济体制为建设目标开始直至 2008 年北京奥运会成功举办的这段时期，我国的政治生态、经济水平、社会文化、科技力量得到快速蓬勃发展，在此环境引领下体育健身事业迅猛前进，群众健身的社会化与市场化进程突出，相关健身场馆设施、健身俱乐部、健身培训单位等组织逐步转为半企业化、企业化运行模式，市场嵌入全民健身公共服务供给发展获得有力实施。市场的融入扩大了全民健身公共服务供给的资金来源渠道，丰富了服务产品结构，提升了全民健身公共服务供给的竞争力度❶，同时在 1995 年随着《体育法》《全民健身计划纲要》与《体育产业发展纲要》等文件的颁布实施，全民健身公共服务多元供给模式初步成形。政府部门的职能改革促进了市场及社会资本力量参与全民健身公共服务供给的动力，此阶段我国全民健身公共服务供给处于快速发展时期。

（四）多元混合供给发展阶段（2008 年—至今）

自 2008 年北京奥运会成功举办后直至当今的这段时期，人民的生活水平稳步提升，各类社会环境等因素的影响致使我国群众对于健身运动的热忱与健身服务的需求日益增长，政府、市场、社会组织等全民健身公共服务供给主体范围逐渐拓宽，开始构成全民健身公共服务多元混合参与供给模式的雏形。全民健身与健身产业高速发展推动了政府购买全民健身公共服务的运行，特许经营、公私合作制等新型全民健身公共服务供给模式开始呈现，同时还包括第三

---

❶ 王军棉．我国公共体育服务的市场化改革研究［J］．经济研究导刊，2017（15）：30-31.

部门在内的众多社会民间健身社团、非营利组织以及志愿团体也是全民健身公共服务供给发展的有力助推者❶。但是在我国全民健身公共服务快速发展的背后，依旧面临着民众对于健身强烈需求与服务供给发展不充分、不平衡之间的矛盾等问题，当前全民健身公共服务的资源还有待于继续整合优化，服务的供给体系与供给标准也亟待建立健全。

二、全民健身公共服务供给机制的完善

（一）明确全民健身公共服务供给机制的目标

完善我国全民健身公共服务供给机制的基本目标，就是要建立一个符合中国国情的、以社会公平公正为主导的均衡的全民健身公共服务供给规则体系，从根本上解决原有体制内供给不足的问题，以提高供给水平和效率。

健身事业属于社会主义事业的一部分，建设以人为本，全面协调的可持续发展的全民健身公共服务也就自然而然地成为中国特色健身事业的应有之义。随着中国经济的腾飞，大众的健身需求日益高涨、对全民健身公共服务的要求也越来越高，这对政府的公共服务职能形成了严峻的考验。健身行政部门必须强化政府的公共服务职能，明确我国全民健身公共服务供给机制的目标。

（二）完善全民健身公共服务供给机制的要求

全民健身公共服务供给以政府为主导，发挥市场和社会组织优势，整合健身资源，向社会公众提供全民健身公共服务和健身产品。因此在构建全民健身公共服务体制的过程中要立足根本，着眼于制度设计、系统规划、整体推进，从而保证全体公民共享健身发展成果。其基本要求是：

1. 以人为本，面向公众

立足于我国基本国情，根据公众参与健身、享受健身的需求，从公众根本利益出发，建设必要的健身场地设施，建立健全的健身组织，开展各类健身活动，使公众健身权利得到充分保障。

2. 政府主导，坚持公益

牢牢把握全民健身公共服务的公益性质，明确健身行政部门的主体责任，充分发挥各级政府在立法规划、投入、监管和政策制定等方面的主导作用，统筹兼顾，积极推进全民健身公共服务全覆盖。

---

❶ 陈丛刊，陈宁．论我国体育社会组织发展新的历史方位［J］．体育科学，2018，38（9）：78-87.

3. 公众参与，强化基层

在全民健身公共服务政策制定、绩效评估、监督反馈产品供给等方面吸收公众参与，发挥公众在全民健身公共服务体系建设中的积极作用。加强基层全民健身公共服务机构设施和能力建设，促进资源共建共享，全面提高全民健身公共服务水平。

4. 改革创新，提高效率

完善财政保障、管理运行和监督问责机制，形成保障全民健身公共服务体系有效运行的长效机制。创新全民健身公共服务的供给模式，引入竞争机制，积极采取购买服务等方式，形成多元参与、公平竞争的格局，不断提高全民健身公共服务的质量和效率。

（三）明晰政府全民健身公共服务供给的职能

“政府职能，简单地说就是一个社会的行政体系在整个社会系统中所扮演的角色和所发挥的作用。”❶ 界定政府全民健身公共服务供给的职能，就是要明确政府在全民健身公共服务中的定位与责任，建立健全各级政府在全民健身公共服务中的职责体系。当前的重点是从纵向上明确中央与地方各级政府在全民健身公共服务供给方面的分工和责权，从横向上整合部门职能，强化全民健身公共服务部门建设，努力形成适合服务型政府建设要求的政府组织架构。

政府全民健身公共服务供给的职能定位应该是以改革为动力，通过加强和完善政府全民健身公共服务职能，提供更多更丰富的社会全民健身公共服务，满足广大人民群众快速增长的社会全民健身公共服务需求，实现社会和谐。推动政府职能由经济建设型为主向全民健身公共服务型转变，政府将逐步完善全民健身公共服务职能、树立服务型政府理念、摆正政府角色、恰当定位，更加注重增长的均衡、效益和社会公平。

（四）完善全民健身公共服务供给机制的对策

1. 转变行政观念，建设服务型政府

在新时期创新政府管理模式、转变政府职能的感召下，政府主导的全民健身公共服务供给机制必须牢固确立社会服务理念，政府健身管理部门应当积极转变自己在健身管理中的角色，在管理方式上进行根本性转变。❷ 着力改变全民健身公共服务的地方化或小区域化供给格局，及时剥离挂靠在政府内的非全

---

❶ 许文惠，齐明山，张成福．行政管理学［M］．北京：人民出版社，1997.

❷ 肖前．公共体育产品非政府供给的可行性与途径［J］．体育学刊，2005（4）：128-130.

民健身公共服务部门，着力破除部门化、系统化的陈旧体制弊端，由政府通过制度形式来确定健身服务的质量标准，以合同的形式，通过投标者的竞争，将原先由政府提供的全民健身公共服务转让给私营公司、非营利组织等机构，以改善全民健身公共服务的质量，转变政府在全民健身公共服务供给中的角色，推进各类全民健身公共服务产品供给组织的成长。❶

2. 完善全民健身公共服务的制度建设

当前，建设致力于提供全民健身公共服务的公共服务型政府和完善的全民健身公共服务供给机制需要实现如下制度的建设与创新：民主参与决策制度保障公众的决策权利；全民健身公共服务财政支出制度保障全民健身公共服务支出协调、合理；全民健身公共服务信息公开制度保障公众的知情权；另外还有全民健身公共服务绩效评估制度、全民健身公共服务公开问责制等。通过一系列制度的建设与完善，实现建设法治政府和责任政府的任务。在制度建设过程中要特别注意实行制度公开化、透明化，以“社会本位”“民本位”的公共管理理念为指导，建立一套适应社会主义市场经济发展，公开、公平的全民健身公共服务制度。

我国政府在全民健身公共服务供给中的制度安排应坚持的原则是：以传统模式为主，以社会化运行为辅；在一定范围内大力推行市场化运行模式；借鉴工商管理管理方法，转变政府职能，实现服务型政府建设目标。

3. 完善全民健身财政体制

针对当前关乎公众切身需要的全民健身设施短缺等问题，必须创新全民健身财政体制，改变全民健身财政支出的结构和比例，提高支持基本的全民健身公共服务建设的财政总量与比重，加强基本全民健身公共服务供给。

完善全民健身财政预算，优化财政支出结构。各级政府要优先安排预算用于基本全民健身公共服务建设，并确保其增长幅度与财力的增长相匹配，同基本全民健身公共服务需求相适应，推进实施按照地区常住人口安排基本全民健身公共服务支出。加快构建以政府为主导，充分体现社会公平的再分配调节机制。

拓宽基本全民健身公共服务资金来源。安排中央资金，提高贫困地区和薄弱环节的基本公共服务能力，地方各级政府特别是省级政府要安排相应资金。充分利用各种形式，拓宽政府筹资渠道，增加基本公共服务的基础设施投入。

提高县级财政保障基本全民健身公共服务能力。中央财政制定县级基本全

❶ 高建磊. 我国公共体育服务产品的供给体制创新研究［J］. 体育科技文献通报，2009（8）：100.

民健身公共服务财力的保障范围和保障标准，并根据相关政策和因素变化情况动态调整。省、市级财政要按照本行政区划内基本全民健身公共服务均等化的要求，逐步提高县级财政在省级以下财力分配中的比重，帮助困难县（市、区）弥补基本财力缺口。县级政府要强化自我约束，科学统筹财力，规范预算管理。中央财政要完善县级财政保障基本全民健身公共服务的激励约束机制，根据基层工作实绩实施奖励。[1]

4. 构建全民健身公共服务多元协同网络供给结构

全民健身公共服务供给的导向必须是以人民为中心，深入了解民众对于健身的多元化需求方向，重视民众参与全民健身公共服务的体验感，扩展群众参与全民健身公共服务的渠道，通过宣传教育培育民众对于健身的认知与社会健身底蕴，使民众对于全民健身公共服务从被动接受转为主动迎合，理顺政府、市场、社会三方的协作关系，提高民众对健身锻炼的表达机制。在政府部门支撑引导下，树立以人民实际健身需求为导向的全民健身公共服务协同供给机制，降低全民健身公共服务供给交易的成本，引入公平竞争机制与志愿服务方式，合理倡导社会健身资源的整合配置，采取多种举措激发市场与社会的资本和技术优势力量，将原先规模与范围不大、能力较弱、分散式的供给主体进行结构调整优化，聚焦人力、财力、物力等资源进行集中供给。

多元协同是全民健身公共服务供给主要趋势，也是供需耦合的内生动力，全民健身公共服务协同供给的操作多样复杂，要明确各参与方之间权责范畴，清晰供给主体的功能定位，处理好政府部门与市场及社会组织之间的协调关系，同时还要做好中央与地方各级政府部门之间运行设计规划。在实际操作过程中，政府部门要转变意识，保证各方在多元协同合作中的平等地位，摒除原先政府部门全权负责、大包大揽的局面，摆脱对于健身资源的垄断与过度干预的现象，强化政府与市场及社会组织等供给部门之间的沟通互联机制，准确识别市场、社会、民众的三方诉求，加深供给主体的相互信任，突出整体的全民健身利益，搭建起全民健身公共服务供给平台系统，完善健身资源的补充利用，全面提升服务供给的效率，营造全民健身公共服务多元协同供给的弹性网络结构。

5. 巩固公平与效率发展，推进全民健身公共服务均衡供给

“公平”与“效率”直接关系着全民健身公共服务资源的整合、分配、再利用，马克思主义理论中提及“公平正义”是具有历史阶段性和逻辑规律性的，是一个动态发展的过程，供给非均衡的属性使得“效率”成为全民健身

---

[1] 王家宏．我国公共体育服务体系研究［M］．苏州：苏州大学出版社，2016：37.

公共服务供给发展的首要目标。为提高服务的效率，推动全民健身公共服务的均衡供给，需要让市场起到资源配置的决定性作用，达成全民健身公共服务市场竞争行为，同时要拓宽全民健身公共服务供给的资金来源，建立全民健身金融预算体系，加大平衡性财政支出保障，完善全民健身公共服务财政税务制度，做好“事前、事中、事后”的全方位的嵌入规划，平衡事权与财权的关系，明确全民健身公共服务收入与支出的分配范畴，健全多层次、规范化的全民健身公共服务财政转移支付机制，努力实现全民健身资源分配的帕累托最优效应。

目前，我国全民健身公共服务供给的针对性与精准性不足，加上地缘性差异以及经济发展不平衡等因素，致使全民健身产品供给长期处于参差不齐的状态，因此需加快地方政府部门的服务型体系建设，培养与扶持地方社会健身组织的发展壮大，吸收更多的社会力量加入全民健身公共服务的供给过程中来，通过“自上而下”与“自下而上”相结合的决策表达手段增加全民健身公共服务供给的靶向性，着力关注城市与乡镇之间全民健身公共服务的统筹与均衡发展，尤其需拓展农村全民健身公共服务的承载范围，建立偏远地区全民健身产品的利益补偿机制，也应重视青少年、老年人、残疾人、社会基层流动人员等部分特殊群体的全民健身公共服务保障，在全社会的边界下维护好城乡居民全民健身公共服务的基本权益，促使我国全民健身公共服务和谐顺畅供给。

6. 持续优化运行管理模式，提高全民健身公共服务供给质量

全民健身公共服务供给的最终目的是满足广大人民群众日益增长的健身锻炼需求，学界所倡导的“多中心”治理应和了当下供给趋向。全民健身公共服务高效化发展需要建立健全科学合理的运行管理机制，积极发挥政府部门在全民健身公共服务供给过程中的引导监督作用，协同各个中心部门的功能运作，规范全民健身公共服务供给的运行责任与操作流程。从兼顾“发展与秩序”的视角将民众对于全民健身公共服务供给的满意度纳入各级人民政府的绩效考核中，通过评价反馈来改善全民健身公共服务的供需匹配性，进行核心服务供给的整体性调整，纠正相关供给主体的偏差行为，持续强化民主监督参与，使全民健身公共服务供给的资源配置和运作效果更加清晰透明化。

健全全民健身公共服务供给的协调机制、推动供给决策行为的标准化与专业化是提升全民健身公共服务质量的重要手段，从“内生”维度丰富全民健身公共服务供给方式、创新供给内容，从“外生”层面激发各供给主体参与的积极性，同时应重视全民健身公共服务的人力资源保障，完善相关人才队伍的建设，增加基层供给服务人员的职业化水平，从人才政策扶持、薪酬制度改革、职称公平评定等方面提高工作人员的整体专业素质，此外，要因地制宜建

设全民健身公共服务供给的志愿者队伍，培育高质量的非营利性全民健身公共服务供给组织。在信息化发展的时代背景下，创建“互联网+全民健身公共服务”平台将极大地加强民众参与健身锻炼的便捷性，“大数据+智慧健身信息”的合理使用为传统健身服务的转型升级提供了创新思路，通过供给侧的多方协调融合提高民众对于全民健身公共服务的获得感与幸福感。❶

7. 多元化的全民健身公共服务供给的组织体系

在完善全民健身公共服务供给体制过程中，应遵循“小”“少”“优”的原则。“小”即规模小、官员少、机构精干，有助于降低运行成本。“少”即管得少，基层政府体育行政部门的主要作用是弥补公共体育市场的不足，对公共体育市场无能为力或产生较多负效应的领域起有限的干预作用。“优”即创造最优环境，提供最优的全民健身公共服务和公共体育产品。在实际操作上可逐步推行省级政府体育部门直接管理县（含县级市）的体育行政机构，取消乡镇一级体育行政建制而变为县（含县级市）的派出机构或设立准行政体育机构，也可探索乡镇自治的公共体育管理模式；在城市公共体育行政机构中，撤销或合并市（含地级市）、区级政府体育行政机构（保留直辖市和大中型城市的政府体育行政部门），由街道办事处作为市级政府体育行政部门的派出机构，行使社区公共体育事务的管理职能。减少纵向的行政层次和体育行政部门之间的职能交叉与重叠，避免多重多头执法。

要积极探索我国全民健身公共服务的市场化道路，引入市场竞争机制，将原来政府不该管的、管不了的和管不好的那部分交由私营企业、非营利组织、社会中介组织以及个人和其他社会组织。让这些组织或个人通过不同的途径参与公共服务的供给，实现我国公共服务完全由政府垄断变为利用社会力量由社会自治组织或政府与社会组织合作的形式向广大民众提供。

第三节　新时代全民健身公共服务多元供给机制的构建

一、培育全民健身公共服务提供主体的多元化

全民健身公共服务方式多样化要求全民健身公共服务体系是一种开放式的

❶ 焦长庚，戴健．我国公共体育服务供给机制的演化与嬗变——基于“特征—动力—路径”的逻辑分析［J］．山东体育学院学报，2020（3）：14-20.

体系，在社会全民健身公共服务的提供领域，强调打破政府提供全民健身公共服务的垄断地位。全民健身公共服务提供主体的多元化使全民健身公共服务不再由政府独自承担，政府不再是管理全民健身事务的唯一机构，许多非政府组织加入全民健身公共服务提供者的队伍中。

政府全民健身公共服务供给包括是否提供某种全民健身公共服务，如何提供、谁来供给和供给的数量与质量等一系列规定。全民健身公共服务的供给方式是指为了实现全民健身公共服务的供给目的而选择的各种措施，工具及途径的总称。全民健身公共服务的供给方式是以全民健身公共服务的市场化、社会化和多中心提供为主要内容，需要明确合理的供给主体、工具和过程，以及提供渠道的变化过程。全民健身公共服务供给方式的选择以对全民健身公共服务的性质与政府职能之间关系的认识为理论基础，这是研究全民健身公共服务提供方式的出发点。

在全民健身公共服务的提供中，政府必然要发挥主导核心作用，但这并不意味着政府是唯一的提供者，也不意味着所有全民健身公共服务都由政府来直接提供，而在于政府为确保全民健身公共服务得到提供，扮演好多重角色。作为决策者，政府的决策应体现社会成员的需求和意愿；作为组织安排者，政府应该对全民健身公共服务的融资和预算、数量和质量作出安排，并选择最合适的主体和工具来提供服务；作为直接提供者，政府应直接向社会成员提供所负责的全民健身公共服务；作为管理者，政府制定全民健身公共服务规则和标准，并实施严格的监管。因此，强化政府全民健身公共服务的职能，涉及多方面的调整。

二、培育全民健身公共服务供给模式的多元化

要从根本上改变我国目前全民健身公共服务供给不足和低效率的状况，就必须从问题形成的源头入手，改革政府高度垄断的全民健身公共服务供给机制，引入其他能有效提供全民健身公共服务的市场主体。当然，我国全民健身公共服务供给机制不能脱离特定的国情和具体的健身环境。我国市场经济还不够成熟，市场机制和规则还不够完善，非营利组织的力量还比较弱小，发展不够成熟。所以，我国的全民健身公共服务体制不能照搬西方市场经济成熟的国家以全面市场化，而应该循序渐进，在一定范围内允许和鼓励私营部门进入全民健身公共服务的领域并提供服务，逐步建立起以政府为主，其他供给主体共同参与的新型全民健身公共服务供给机制。

政府作为全民健身公共服务的供给主体之一，可以直接提供属于本级职责

范围的全民健身公共服务。社区自治组织作为供给主体之一，可以直接提供属于本社区范围的全民健身公共服务。政府委托私人的供给方式，即政府可以将全民健身公共服务委托给私人来提供，主要指收费部分全民健身公共服务采用的供给方式；政府通过承包租赁、托管等方式在正和私人企业间签订合同，私人或企业按照政府意图或合同来提供全民健身公共服务。政府补贴私人或企业的方式主要是政府为了提高效率或弥补财力不足，通过直接补贴或间接补贴的方式，来鼓励和帮助私人或企业提供全民健身公共服务。其他供给方式范围比较广，比如送文化进社区、健身三下乡活动等。

三、注重全民健身公共服务机制配套的多样化

推行全民健身公共服务机制多样化，政府就要进行配套的行政管理方式变革。主要涉及以下两个方面：

（1）进行行政组织架构的调整。政府将成为网络组织体系的协调者和组织者，成为社会合作力量的发动者和促进者。

（2）规则的制定。在我国，社会中介组织的法制建设不够健全。只有建立完善的法律法规体系，才能使政府和非政府组织之间的合作有法律保障，从而推动政府和社会之间的合作。这就要求政府努力在市场和社会之间找到最佳的结合点，建立一种合作关系，推动公共体育服务机制多样化的进展。

四、转变政府和非政府组织之间的关系

各类非政府组织进入全民健身公共服务领域，与政府分担责任，可以使政府从具体的公共事务中解脱出来，从而以一种监察者和指导者的身份审视全民健身公共服务的质量和效益。非政府组织可以利用自身多样性的服务和供给优势，与政府形成互补关系。政府可以把许多不宜直接插手干预或者干预成本过高的全民健身事务，交给非政府组织来完成。政府成为社会合作力量的发动者和促进者，通过一些合理的机制“激活”社会力量，实现全民健身公共服务的有效输出。

第五章　新时代全民健身公共服务体系构建研究

“健康中国”理念的提出，使全民健身得到推动。现阶段，全民健身的热潮正在持续高涨，全国各地区围绕全民健身的公共服务体系建设在如火如荼地进行中。本章系统研究了全民健身公共服务设施体系、组织体系、信息服务体系、人才体系、运行体系、保障体系以及评价体系的建设。

第一节　新时代全民健身公共服务设施体系建设

一、新时代全民健身公共服务设施体系建设存在的问题

（一）公共体育设施供需失衡

我国全民健身公共服务设施的总量供给不足，类型功能相对单一，难以满足大众日益增长的多元化健身需求。总体上，我国中西部城市的全民健身公共服务设施短缺问题尤为突出。同时，受社会经济发展因素的影响，我国全民健身公共服务设施的总体质量较差，加上后期缺乏维修经费和管理人员，质量呈现不断下降的趋势。

（二）公共体育设施管理不到位

我国全民健身公共服务设施建设与管理存在主体不明、责任不清、管理缺位等问题。各级政府的体育职能部门在社区体育设施规划中的作用没能得到充分的发挥，体育职能部门的意见常常得不到重视，流于形式。政府各部门在居住小区的规划审批中，往往过于关注小区容积率、建筑面积、建筑风貌等问题，而对体育设施建设的把控并不严格，加上我国全民健身公共服务设施建设

规划的相关法律法规不完善、指标含糊、法规条文的约束力较差，从而导致全民健身公共服务设施未达标也给予放行。

（三）缺乏人文关怀

全民健身环境缺乏吸引力，个性化不明显，雷同性大，决策者与管理者往往只注重空间的物理质量，却很少考虑居民需求的多元化，没能与居民的生活方式有机结合，质量较低，现代化气息不强。[1] 我国全民健身公共服务设施类型中以小型、单一、简易的体育场地设施为主，从需求角度上讲，与目前大众所喜爱的项目不相配套，加上体育活动缺乏组织指导，难以满足大众的体育需求。而那些现代化、综合型、具有配套服务设施的健身场地设施因造价高、消费高，与适应大众的健身消费能力又不相适应，利用率极低。

二、全民健身公共服务设施体系建设的原则

（一）科学性原则

总体而言，我国健身场地设施的面积是严重缺乏的，因此在具体进行建设时要实地调研该区域内的人口数量分布、自然环境条件和现有健身设施等，会同政府各个部门进行分析和研判，科学合理地进行规划，并进行重点布局，在建设好健身场地设施的情况下，提高健身场地设施的利用率。

（二）方便实用原则

建设全民健身公共服务设施是为了满足人民群众的健身需求，而人们在参加健身活动时比较注重参与的便捷性和实用性，因此，全民健身公共服务设施的建设一定要遵循方便实用的原则，不断建设一批在人民群众周边的健身场地设施。

（三）改革创新原则

现阶段，我国全民健身场地设施的建设主要是依靠政府部门的资助，随着市场经济在我国的不断完善，应该进行改革创新，不断引入社会力量参与到全民健身场地设施的建设当中，在建成以后积极引入专业企业运营和管理健身场地设施，不断提高健身场地设施的利用率，这是健身场地设施可持续发展的不

---

[1] 张可，刘琳．公共体育服务体系分析与科学建设研究［M］．徐州：中国矿业大学出版社，2018：81.

竭动力。

三、全民健身公共服务设施体系建设的方法

（一）制定并落实相关政策

1. 因地制宜制定政策

根据不同区域居民的民族特点、生活习惯和体育兴趣，不断提供符合其行为习惯的健身场地设施，促进我国体育事业的发展。

2. 落实相关扶持政策，提高健身场馆的公共服务能力

目前，我国针对健身场馆领域出台了相关的扶持政策，在财政政策和水、电、气、煤等方面都有一些优惠政策，各个体育行政部门和场馆管理运营方应该积极争取相关政策的扶持并落实相关政策，提高健身场馆的公共服务能力。

（二）适时进行管理体制改革

1. 对城市社区健身设施进行有效管理

城市社区健身设施作为一种准公共产品，可以通过市场的供求机制来对其进行资源优化配置。在社会主义市场经济体制下，城市社区健身设施的供给越来越需要多元化的主体，政府虽然还是城市社区健身设施的产权所有者，但是政府可以吸纳更多地社会力量参与管理，采取多样化的管理形式。

2. 改变农村全民健身公共服务设施的供给机制

改变之前“农民体育健身工程”的发展思路，不进行全国统一的健身设施供给，充分根据各区域的特征和风俗习惯，根据农村常住人口的健身需求，进行农村全民健身公共服务设施的供给。

3. 推进健身场馆的管理体制改革，提高其公共服务能力

目前，我国健身场馆的公共服务能力不够强，这是因为我国的健身场馆利用率不是很高，特别是一些大型健身场馆的运营更是比较艰难。应该积极引入一些场馆运行的专业性管理机构对场馆进行市场化运营，提高其使用率。通过市场化运营所得的额外收入，来反哺全民健身公共服务。

（三）实行“建改修”并行措施

1. 优化场馆公共服务功能设计，鼓励共建场馆

目前，现存的公共体育场馆无法满足大量群众的健身需求，随着我国土地管理制度逐渐严格，场馆建设用地更加紧张，因此对于现存的大型公共体育场馆要进行全面改造。首先，要做好场馆规划，在可建设用地有限的情况下，增

强建筑强度，竖向发展场馆，建立多层复合式场馆，增加场馆容积率，为更多人民群众提供服务。其次，优化场馆功能设计，增强公共体育场馆的服务功能，为群众提供体育服务、社区服务和文化服务，将公共体育场馆打造成城市生活中心，同时为举办大型体育比赛提供场地和服务。最后，政府、体育、教育、文化等部门要共建公共体育场馆，将资源集中用于某一个场馆建设，避免资源浪费和场馆闲置，提高场馆的利用率。❶

2. 加快中小型公共体育场馆建设，改善公共体育服务供给基础

随着全民健身的普及，各地都开始建设大型公共体育场馆。但是由于受到当地人们生活水平的限制，很多大型公共体育场馆并不能得到充分利用，出现闲置问题。因此各地应该根据当地实际情况，合理调整公共体育服务供给结构，控制大型公共体育场馆的建设，加快中小型公共体育场馆建设。地方在承办大型体育赛事时，首先应该合理利用当前存在的大型公共体育场馆，同时加强场馆管理和运营，提高场馆利用率，尽量不新建大型体育场馆，将有限的资金投入中小型公共体育场馆的建设中，以满足更多群众的健身需求。

3. 改建现有场馆，提高现有场馆公共服务能力

对于现有的公共体育场馆，还要对其进行改建，增强现有场馆的公共服务能力。目前，虽然大部分现有的公共体育场馆功能都比较片面，利用率也比较低，但是这些场馆占有优越的地理位置，与人们的生活圈离得很近，大大方便了人们的生活。因此在未来的场馆发展中，应该加大对现有场馆的利用和开发力度，投入充足的资金对现有场馆进行改建、扩建，例如，可以修缮破旧设施、增添新设施、增强服务功能等。另外在改建现有场馆的过程中，还应该注重改建中小学体育场馆，将其改成社区体育活动中心，既能为中小学提供体育教学场地，又能为周边居民提供健身场所，使中小学体育场馆得到充分利用。

4. 注重对部分年久失修的大中型场馆的转型改造

随着时间的推移和人民生活水平的提高，一些历史悠久的大中型场馆的功能已经无法满足人们的健身需求。因此一些部分年久失修的大中型场馆应该进行转型改造，主要满足全民健身需求。例如，如今的江川体育活动中心就是由原来的江川体育场改造而成的，服务功能更加完善，满足了周边群众的健身需求。目前我国体育场馆数量众多且分布不均，存在着场地老化、布局不合理、缺乏专业管理人才及运营资金不足等问题，影响了场馆服务质量的提升。❷ 因此，必须重视并加强对现有场馆的转型升级和改造，进一步完善其服务功能，以提升其公共服务水平。

---

❶ 戴健．公共体育服务体系建设［M］．上海：上海交通大学出版社，2015.

❷ 戴健．公共体育服务体系建设［M］．上海：上海交通大学出版社，2015.

（四）优化全民健身公共服务设施供给制度

1. 优化城市社区的全民健身公共服务设施供给方式

对于城市社区的全民健身公共服务设施，应该尽可能地增加和优化其供给方式。通过多渠道筹集相关资金，政府应该出台相关税收优惠政策，引进社会企业、个人等投资健身场地设施。在具体操作中，可以从以下两个方面进行。

（1）对城市的健身场地设施进行布局上的调节，促进其被合理化使用，促进场地设施资源的科学利用。

（2）促进各个社区之间的场地设施资源进行合理利用，使社区之间可以进行场地设施的联动使用，提高城市社区健身场地设施的利用率。

2. 创新农村全民健身公共服务设施的供给形式

长期以来，我国农村健身场地设施供给主要依靠政府，但考虑到我国地域辽阔，不可能由中央政府负担全国农村所有健身场地的供给，同时我国农村基层政府财力有限，难以提供广大农民所需的健身场地设施，因此应该引入私人或者企业来供给健身场地设施的建设。此外，在我国广大农村，很多村级公共服务中心都建设有“便民服务”“文化体育”“农民培训”等综合功能的居所，这也是提供农民全民健身公共服务的一个重要场所。

3. 用多种方式来建设健身场馆

健身场馆是进行体育活动的必需场所，因此必须加大对健身场馆的建设力度。通过鼓励地方政府采取建设—经营—转让（BOT）等方式来建设健身场馆。在这个过程中，地方政府可以积极申请国家体育总局的场馆建设补助，并通过多种形式来进行投融资。

第二节　新时代全民健身公共服务组织体系建设

一、我国全民健身公共服务组织体系的构成

（一）政府全民健身公共服务组织机构

政府部门是管理我国体育事业的重要组织，也是提供全民健身公共服务的重要机构。我国政府体育组织机构主要包括国家体育总局、省体育局、市体育

局，在县级层面由县文化局、县文体局或者县文广新闻局等政府体育组织机构来统筹管理和建设我国的全民健身公共服务，在一定程度上保障了我国基本的全民健身公共服务。

（二）社会全民健身公共服务组织机构

从发达国家全民健身公共服务的发展经验来看，社会体育组织机构在全民健身公共服务方面发挥着举足轻重的作用。我国目前还没有形成强大的社会体育组织系统。近年来，随着我国公民体育健身意识的不断增强，社会上出现了越来越多的社会体育组织，促进了我国全民健身公共服务事业的发展。目前，我国存在的社会全民健身公共服务组织结构主要有体育协会、体育俱乐部和基层体育组织。❶

二、公共体育服务组织体系建设的要求

（一）响应国家战略，服务群众体育

随着全民健身成为国家战略，人民群众的体育需求将会越来越旺盛，因此，公共体育服务组织体系的建设，必须响应国家战略，服务于群众体育。通过对公共服务组织体系的建设，搭建群众体育发展和人民健身的基本组织保障，这是群众体育发展的根本要求，也是公共体育服务的发展动力。

（二）解决公共体育服务组织体系中的现实问题

随着群众体育的不断发展，体育社团组织建设也得到了积极的推动，并且取得了一定的成效，积累了很多丰富的经验。与此同时，当前我国公共体育服务体系的组织架构建设工作仍然存在较多的问题，比如体育社团组织数量规模仍然较小，不能使群众基本的组织需求得到满足；体育社团结构方面的问题仍然突出，各类社团组织的比例结构的合理性较为欠缺，各类社团的互补功能尚未得到有效的发挥；体育社团的功能发挥存在着局限性，群众多元化组织需求得不到满足等问题。

---

❶ 张可，刘琳．公共体育服务体系分析与科学建设研究［M］．徐州：中国矿业大学出版社，2018.

三、全民健身公共服务组织体系建设的方法

（一）正确认识全民健身公共服务组织体系建设的内涵

通过对全民健身公共服务体系的组织建设内涵的分析，可以从两个方面来对其进行理解：

第一，是指广义的全民健身公共服务组织体系建设，涵盖的内容主要有两个方面：一个是如何生产供给组织服务，另一个是生产供给组织服务的自身建设。

第二，是指狭义的全民健身公共服务组织体系建设，也包括两个方面的内容：一个是动态的“组织建设”——政府或体育组织举办的活动过程即动态的“组织建设”；另一个是静态的“组织建设”——各种实体性的体育组织。

（二）盘活体育组织的存量，提升体育组织的增量

盘活体育组织的存量，主要是指通过把握和利用现存的体育组织，通过引导，让其发挥出相应的组织功能和服务功能，满足人民群众的现有体育需求。目前，我国体育组织总量不足，难以满足人民群众多样化的体育需求，因此有必要提升我国体育组织的增量，通过新建多样化的体育组织，逐渐满足人们的体育需求，从而建立我国体育组织的网络。

（三）积极借鉴国外体育组织的建设经验

在西方发达国家，体育组织是其大众体育发展的重要保障，也是其体育强国的重要体现，他们长期以来形成了很好的建设经验。因此，我国可以借鉴其建设经验，持续探索我国的体育社会组织建设方法，从而不断提高我国全民健身公共服务组织建设的科学化水平。

第三节　新时代全民健身公共信息服务体系建设

一、全民健身公共信息服务体系的建设原则

（一）需求导向原则

对于全民健身公共服务信息保障体系的构建而言，信息需求发挥着前提与导向的作用。在我国市场经济和多元信息服务体系下，全民健身公共服务信息保障体系建设必须根据社会大众的全民健身信息需求进行资源整合和服务供给，并尝试构建全民健身公共服务信息平台，满足大众的全民健身公共服务信息需求。

（二）公平享有原则

当前，我国全民健身的服务对象针对所有公民，所以政府部门应当坚持改善全民健身信息服务的实际水平，坚持拓宽全民健身信息服务的覆盖面积，推动更多公民参与其中，从多个方面提供全民健身公共服务的信息资源，尽全力满足全民健身公共服务的信息需求，保证所有公民都能公平地享受全民健身信息服务。

（三）规范性和合法性原则

在全民健身公共服务信息保障体系建设过程中，规范性原则要求政府应明确相关管理办法和服务方法，按照 ISO 标准或国家标准，实现数据库建设、信息交换协议、信息传递规则等平衡有序运行。合法性原则的具体要求是：

第一，政府利用详细的法律法规以及制度等来明确规定全民健身公共服务信息公开的范围、内容、程序、途径。

第二，在全民健身信息服务的实践中做到认真贯彻和执行。

（四）多元化和多层次原则

要想有效发挥全民健身公共服务信息保障体系的功能和价值，应当积极运用多元化的信息资源建设以及服务手段，同时利用多层次协作来推动信息服

务。在国家层面上，进行全民健身公共服务信息资源的整合与平台建设，协调各机构共同推动社会化信息服务的开展，合理规划成员机构的协同保障服务，发布信息资源，实现资源共享。

（五）统一规划和共同建设原则

就目前来看，我国全民健身公共服务信息保障体系依旧处在初级阶段，全民健身公共服务信息分布不够密集，门类繁多，部门之间的联系和协作都比较少，信息孤岛现象极易出现。为了提高全民健身信息服务的效率，更有效地实现全民健身信息服务信息保障体系的整体效益，需要在政府部门的统一规划的前提下，联合各相关部门共同协作，共同构建我国全民健身公共服务信息保障体系。

二、全民健身公共信息服务体系建设的方法

（一）提高对全民健身公共信息服务的认识与重视程度

为提高我国全民健身公共服务信息保障体系的整体能力，实现信息资源的共建与共享，打破我国政府服务机构各自为政、条块分割的不利局面，各级体育行政部门应高度重视全民健身公共信息服务，协调管理，责任分工明确；在全民健身公共信息服务体系建设方面加大力度，明确具体条目，统一内容，完善格式，从而为广大群众收集并掌握全民健身公共服务信息提供便利。

在现阶段，学术界在全民健身公共信息服务方面的研究成果比较有限，但在全民健身公共服务内容方面的研究比较成熟与系统。针对这种情况，建议借鉴当前的全民健身公共服务内容的研究成果，对全民健身公共服务的常见内容进行整理，同时向全民健身公共信息服务提供理论参考。[1] 全民健身公共服务体系是一个体现公平、公正、公益且能够为广大市民提供基本全民健身公共服务的体系，是一个保障市民体质和健康水平得到普遍提高的保障体系，是一个政府领导、部门组织、行业合作、社会兴办的多元体系。从本质上来说，全民健身公共服务体系就是将作用于全民健身公共服务的众多因素整合为一个有机整体，达到资源配置最优、管理工作最规范、服务效益最理想的目标，保证全体市民能够享受基础性的全民健身公共服务。

---

[1] 穆瑞杰．我国公共体育服务体系的多元化建设与实证研究［M］．北京：中国商业出版社，2017：144.

（二）加快全民健身公共服务智慧化平台建设

加快全民健身场景建设，提高居民健身兴趣。互联网飞速发展的今天，需要顺应潮流，提高全民健身的智慧化服务水平。因此，应加快全民健身场景建设，采集授权群众健身数据并进行科学分析，主动为群众提供健身指导与建议，不断增强健身场景对群众的吸引力，提升大众健身服务的智慧化水平。

加强全民健身数据的采集与应用，促进体医融合。利用大数据技术，做好健身人群的数据统计，促进全民健身与全民健康融合发展。打通医疗、体育监测数据，可以节省资源，避免重复的检查，迅速了解民众基本身体素质状况及健身状况，可为运动专家提供医疗信息，有助于运动处方专家开具运动处方，并进行病情跟踪，制定建立不同人群身体健康标准，给出普适性意见和健身建议。随着时间的推移，积累的大量数据将有助于自动开具运动处方、自动推送运动建议等，大大减轻医疗、运动处方专家的工作量，真正实现体医融合。

利用信息手段，掌握全民健身活动组织情况。关于全民健身活动的组织情况，管理部门通常是出台政策性的文件，鼓励大家组织全民健身活动、比赛等，但实际上基层组织的效果及上报的数据准确性有待商榷。通过信息化手段可以获取各地活动组织情况，比如通过网络爬虫抓取各地相关新闻，统计分析后获得各地市相关活动组织的准确情况，有助于管理部门掌握基层管理情况。

（三）组建高质量的全民健身公共信息服务团队

满足公众的全民健身公共信息服务需求，需要建立一支负责、高效、业务能力强的全民健身公共信息服务工作团队。首先，信息服务人员应该树立高度的责任意识，牢记“为人民服务”的思想，将各项工作落到实处。其次，应严格考核制度，将工作绩效与个人利益挂钩，形成有效的激励管理机制，力求高效率、高质量地完成各项全民健身公共信息服务工作。对于人员配备来说，不仅要配备业务水平高的技术人员，促使技术工作顺利运行与创新发展，还要配备业务水平高的工作人员，这样不仅能带领与协调工作团队，还有助于及时和公众展开沟通与交流，促使公众体育服务的信息需求得到满足。

第四节　新时代全民健身公共服务人才体系建设

一、社区体育指导员的内涵诠释

社区体育指导员是指在社区体育活动中从事技能传授、健身指导和组织管理的工作人员，是发展社会体育事业、增进居民身心健康、提高生活质量、建设社会主义精神文明的重要支柱。作为社区体育的组织者、指导者、传播者，其素质的提高对社区体育的进一步社会化、科学化、产业化和法治化都将产生极为深刻的影响。

社会体育指导员国家职业标准等级分为社会体育指导师、高级社会体育指导员、中级社会体育指导员、初级社会体育指导员四个级别（四级为初级，中级、高级、指导师依次递进，指导师为最高级别）。各个等级的主要职能如下：

初级社会体育指导员：能够运用基本技能指导练习对象学习基本技术动作和提高基本运动素质。

中级社会体育指导员：能够针对不同年龄、性别练习对象的情况指导练习者提高专项技术水平、进行健身活动。

高级社会体育指导员：能够熟练运用各种技能完成技术指导工作；能够为从事不同职业、残障、需控制体重者提供健身服务；能够组织开展体育活动；具有一定的组织培训和管理能力。

社会体育指导师：能够独立解决技术指导过程中遇到的各种问题；能够胜任康复锻炼指导工作；组织开展专业技术培训；具有一定的经营、管理和科研能力。

二、社会体育指导员在全民健身中的作用

（一）社会体育的组织者与指导者

社会体育主要体现的是大众对体育的广泛参与，也是体育的本质所在。[1]

---

[1] 杜筱雯．全民健身视域下社会体育指导员的工作意义和作用研究［J］．智富时代，2016（3）：182.

在群众性体育活动过程中，如同健身场地设施一样，社会体育指导员是群众体育得以发展不可或缺的要素，他们不但通过自身对体育的参与积极感染身边的人群，同时也对全民健身的普及与提高起着积极的推动作用。如今，在城市广场、空地、公园经常有社会体育指导员教授、带领下的健身人群集体健身活动，科学健身有效避免了对身体的伤害。社会体育指导员指导群众健身活动，有效地起到了科学、规范、引导群众健身与健康发展的效果。

（二）体育知识与技能的传播者

从我国目前的教育体制、体育机制来看，已离开传统意义上学校系统学习的人群，其体育知识与技能的来源渠道主要还是源自在各类健身场所的社会体育指导员的传授。人们通过对体育知识与技能的掌握，不断提高了体育休闲与健身的乐趣与品位，进而促进人们的体育参与。

（三）公民身心健康水平和生活质量提高的促进者

社会体育指导员以其所拥有的体育知识与技能服务于大众，为公民增强体质、增进健康、休闲娱乐、社会交往而服务。[1] 居民通过掌握的技能参与体育休闲与健身，为其健康生活而服务。有效组织适当的社会体育项目比赛，使参与健身活动的群众有了健身目标、追求和展示自己的舞台。社会体育指导员在组织、指导人们体育健身与休闲活动时，也在全社会建立科学文明健康的生活方式，提高生活质量方面发挥着重要的作用。

三、全民健身公共服务人才体系建设的方法

（一）优化课程内容设计

课程体系是整个培养模式的内容载体，是实现培养目标、提高社会体育指导员培养质量的关键性要素和核心要素。体育指导员不仅需要体育技能方面的知识，也需要健身器材的使用与维修、运动生理、运动心理、体育保健等方面的知识，要根据现实需求兼顾全面性和针对性，科学地设计与完善社会体育指导员培养内容。整体上，社会体育指导员培养的课程体系为一个由基础课程、专业理论课程、技能课程和实践课程组成的系统。社会体育指导员的专业化水准应包括责任感、扎实的体育理论基础、熟练的体育指导实践技能、判断力和

---

[1] 杜筱雯．全民健身视域下社会体育指导员的工作意义和作用研究［J］．智富时代，2016（3）：182.

应变能力、终身学习能力、有效的监督能力。优化课程内容的总体思路是建构突出专业性的课程体系，合理配置教学技能课程，对课程进行有机整合、跨界融合，注重时效性、前瞻性及可持续发展的创新能力，根据相关领域的动态发展，实时更新完善课程体系。

（二）探索高校直接培养模式

我国高校特别是专门体育院校是体育专业人才的培养机构和体育专业理论的研究中心，对我国体育事业的发展具有非常重要的作用。如果我国高校能够直接参与到社会体育指导员培养的工作中，将大大提高培养效率和培养质量。因此，国家相关职能部门可以选定某些院校作为培养试点，探索高校直接培养模式，将部分高质量学生经过系统学习和训练直接培养成高端社会体育赛事的组织者与执行者，增强对中青年人群的吸引力，激发群众参与意愿。

（三）进行社区体育产业化经营

社会体育指导员逐渐由业余、无偿服务工作转为专业服务人员，这是其产业化发展的必然要求。社区体育产业化经营有着自身的特殊性，经营者不仅应重视眼前利益，更应注重可持续发展的战略需要，在追求最大社会效益的前提下追求合理的经济效益，服务于社区居民。

第五节　新时代全民健身公共服务运行与保障体系建设

一、全民健身公共服务运行体系建设

（一）全民健身公共服务运行体系的基本内涵

关于全民健身公共服务运行体系，其基本内涵可以从三个方面得到体现：

第一，是全民健身公共服务具有使其整体保持正常运行所需的各种功能的组合、联动和循环。

第二，是全民健身公共服务体系各组成部分相互联系、相互制约及相互作用的运行方式。

第三，是推动整个全民健身公共服务体系沿着正确的轨道健康运行并不断

向前发展的方式。

（二）全民健身公共服务运行的指导原则

1. 以人为本原则

以人为本，是早已产生的一种社会思潮和价值观念。当前，世界各国都已经认可了体育的政治功能、经济功能、文化功能、教育功能等，许多国家都把为社会提供全民健身公共服务作为政府的基本职能之一。强调全民健身公共服务的运行要遵循以人为本原则，就是要在尊重公民的基本权利的前提下，对公民的健身需求进行充分把握，将重点放在基础性全民健身公共服务的完善上来，从而使全体公民最基本的健身服务需求得到较好的满足。

2. 效率公平原则

维护社会的公平和正义，是政府的一项重要职责。同时，在全民健身公共服务的运行过程中，要进行“成本—收益”分析，努力追求全民健身公共服务的运行效率。究其原因，主要是由于政府的税收来自公民，作为服务者的政府理应高效率地提供产品和服务，否则赖以存在的合法性基础就会失去。政府作为民众代表的集合，天然地负有为全体公民服务的特质，因此效率公平原则是全民健身公共服务运行必须遵循的一个重要原则。

3. 法治责任原则

全民健身公共服务遵循法治责任原则，就是要使政府应该依法行政而不是完全按照政府的偏好行事。政府的税收来自人民，服务于民是理所应当的。如果不依法执政，政府官员势必会根据自身的偏好安排项目，资源的有限性可能会导致全民健身公共服务的效果不理想。

4. 多元主体原则

对于全民健身公共服务来说，政府独家供给的格局已经难以持续，政府应该有所为、有所不为，在公民社会日益壮大的今天，应该进一步推动政府机构改革，使政府职能得到一定的转变，承认和鼓励各种社会力量参与全民健身公共服务，将他们各自的优势充分发挥出来，从而形成全民健身公共服务多元供给的新机制。

二、全民健身公共服务保障体系建设

（一）全民健身公共服务法律保障体系建设

1. 完善全民健身公共服务的相关法律法规

随着人民生活水平的不断提高，我国公民的体育需求在不断增大，全民健身公共服务供给方式由一元供给向多元供给转变。全民健身公共服务中各种利益关系都需要更健全的法律法规来约束。因此全民健身公共服务的相关体育行政部门应该积极主动地争取立法。通过科学、合理的途径，主动地建设全民健身公共服务领域内相关的法律法规，为促进全民健身公共服务的发展作出应有的贡献。

2. 先行试点，逐步推广，总结提升

全民健身公共服务是通过先行试点的形式进行的，比如现阶段，我国主要是在江苏和浙江等发达地区进行了相关的试点，并取得了一定的成效。在全民健身公共服务的实践过程中，通过这些实践经验建立起来的政策和法律，往往不是适用于每一个地方和区域。因此必须对其实践经验进行总结、提炼，并逐步推广。通过加大试点的区域和力度，逐步建立适合我国国情的全民健身公共服务政策和法律体系。

3. 进行科学化、法治化决策和部署

政府在做相关决策时，一定要注意进行科学化、法治化的部署。运用科学的理论和方法进行全民健身公共服务法律政策的制定和完善，采取法治化的手段来规范和约束各种决策行为，从而不断完善我国全民健身公共服务法律保障体系的建设。切忌草率行事，滥用职权。

4. 培养相关的体育法律人才

随着我国依法治国的不断推进，各个领域都需要一定的法律人才，体育领域也不例外。与其他社会领域相比，我国体育领域内的法治建设水平较低，影响了我国全民健身公共服务建设过程中法律的贯彻和落实，因此应该加大对我国体育法律人才的培养力度。目前，我国一些院校已经拥有了体育法的硕士点和博士点，这些人具有法律和体育的双重背景，加大对这些体育人才的培养力度，并将他们引进体育系统领域，可以很好地促进我国全民健身公共服务法治保障体系的建设。

（二）全民健身公共服务财政保障体系建设

1. 不断完善政府转移支付制度

（1）各级财政要加大均衡性转移支付力度

上级财政给予在全过程中提供必要支持是不可或缺的，也是物质基础。

（2）加大中央财政对全民健身公共服务的转移支付力度

重点加大对中西部和农村地区全民健身公共服务的扶持力度，设立专用账户，专款专用，以便监督和管理。使地方政府借助中央转移支付来解决部分因财政收支缺口导致的全民健身公共服务供给不足的问题。

（3）建立横向转移支付制度

根据均等化的原则，按照人均相关因素进行分配，其分配额度与财政全民健身公共服务需求成正比、与财政收入能力成反比。由于目前东部沿海地区与中西部地区人均收入差距较大，因此横向财政转移支付可采取循序渐进的办法，逐步实现地区间全民健身公共服务财力均衡的目标。

2. 建立与经济增长相联动的投入增长机制

国家全民健身公共服务水平以及综合实力的实际状况和财政投入规模存在紧密的联系，在我国朝着体育强国方向努力的过程中，要逐步加大全民健身公共服务的财政投入。各级政府财政应建立全民健身公共服务财政投入与经济增长相联动的机制，保持全民健身公共服务的财政投入与财政收入和财政支出相挂钩，使全民健身公共服务财政投入的年增长幅度高于同期财政经常性收入的增长幅度。还要把全民健身公共服务财政投入与 GDP 和财政支出相关联，纳入政府预算支出目标考核体系，实现全民健身公共服务财政投入的自然联动增长。❶

3. 加大全民健身公共服务的税收优惠力度

对各类全民健身公共服务活动税收优惠。免征公益性体育活动经营收入应缴纳的营业税；对商业性体育活动，根据具体情况给予适当的税收优惠；对体育场馆向大众开放的体育健身娱乐经营活动，免征土地使用税和房地产税；对非营利性全民健身场馆免税；对部分为全民健身公共服务的项目和单位降低或减免税收；对开展群众性体育活动的体育场馆的营业用地，对经营体育项目的企业，可采取加速折旧的税收优惠政策，在减轻企业税收负担的同时鼓励其技术创新。

4. 大力发展体育风险投资基金体育

风险投资起源于第二次世界大战后的美国，是一种集金融、创新、科技、管理与体育市场于一体的资金运作模式，体育风险投资催生了无数的体育场馆（企业），创造了一个又一个体育场馆建设奇迹。当体育产业发展水平较低时，主要依赖风险投资；而当体育产业进入较高水平的发展阶段时，则主要由证券

---

❶ 张可，刘琳．公共体育服务体系分析与科学建设研究［M］．徐州：中国矿业大学出版社，2018：164.

市场来提供必要的资本支持。由于经营目标的不明确以及运行机制的非市场化，现有的投资公司为体育企业提供金融支持的作用没有充分发挥出来。在未来，我们应当把组建达到规范化要求的风险投资组织当成一项重要任务，由此推动体育产业的发展进程。

5. 建立全民健身公共服务的财政激励机制

中央财政对群众体育产品、农村健身场地设施等公共健身产品保障较好的地区给予激励性奖励，支持地方财政，弥补财政缺口。另外，政府采取财政奖励政策，激励企事业单位、大中小学对社会开放体育场馆，提高全民健身资源的使用率，同时也使更多的公众能够享受全民健身资源，均衡全民健身公共服务领域的公共利益，促进社会全民健身福利的改进。

第六节　新时代全民健身公共服务评价体系建设

一、全民健身公共服务评价体系的概念

社会指标体系既能在某一方面反映目标的本质属性，又能充分反映某一时间段某一事物发展的动态情况。所涉及的指标群或指标组合绝不是杂乱无章或随意拼凑的，通过对其进行实际观察和测定可以得出客观科学的结论。这种可观察和测定的客观结论主要以评价数据的形式呈现。评价数据往往隐含在评价信息之中。通过对评价信息的获取和处理，能实现对评价数据的处理。而评价信息主要包括有关评价主体的信息（评价管理者、组织者、实施者、参与者和利益相关者等）、有关评价客体的信息（与被评价对象相关的信息，通常以各种形式的数据存在）和有关评价中介的信息（如评价方法、评价标准、评价程序等）。

综上所述，全民健身公共服务评价体系的概念，即指从众多反映该地区全民健身发展水平的指标中运用科学的方法选择出来的，由若干有内在联系和具有代表性的重要指标组成的，通过深入分析系统内部，把握系统各要素及其相互关系，从整体上、宏观上客观地评价全民健身事业发展的各个侧面及整体发展水平的指标群。

二、全民健身公共服务评价体系的设计原则

构建全民健身公共服务评价体系应用统计科学的理论与方法，以统筹城乡发展、“城乡一体化”规划理念，根据全民健身公共服务体系的内涵及要求，设计和确定各项指标的基本概念、口径范围、分类方法和计量方法等；又要遵循设计社会指标体系的一般原则，如客观性、科学性、方向性、目的性、可行性、易操作性等原则。

（一）客观性、科学性原则

构建全民健身公共服务评价体系首先要紧密围绕全民健身公共服务体系的科学内涵，正确反映全民健身公共服务体系的本质。评价体系必须能反映某一地区全民健身公共服务的特点和发展目标。一个科学合理的评价体系，既要保证指标的良好代表性，又要使不同指标之间具有相对的独立性。

（二）方向性、目的性原则

构建全民健身公共服务评价体系的方向性、目的性原则是指在确定每一个单项指标时，都应考虑此项指标在整个评价体系中的地位和作用，依据它所反映的某一特定研究对象的性质和特征，确定该指标的名称、含义和口径范围。[1] 评价体系具有规定方向性，对指导实践工作有非常明确的导向作用，可使全民健身有目的、有计划地开展。因此，制定评价体系要依据国家的相关政策法规，以统筹城乡发展和“城乡一体化”规划理念，实现明显提高国民健康素质的目标。

（三）可行性、易操作性原则

在筛选指标时，要充分考虑把能够利用现有的统计数据和便于收集到数据的指标作为入选指标。有些指标虽然很有意义，综合性内涵也十分丰富，但很难收集。这些指标只能舍弃。全民健身公共服务评价体系是对全民健身进行实际的测量和评定，并根据测量和评定的结果做出相应的价值判断。它有着非常强的实践性和操作性。在构建全民健身公共服务评价体系时要尽可能简化指标，以较少的指标产生较大的评价效能。因此，要充分考虑到人力、物力、财力、时间等各种制约因素，必须保证指标切实可行和易于操作。

---

[1] 谢正阳. 全民健身公共服务体系研究 来自苏南地区的创新实践［M］. 苏州：苏州大学出版社，2018.

（四）定量指标与定性指标相结合的原则

定量指标是对全民健身公共服务体系从量的方面进行分析、解释。定性评价则侧重于质的方面，通过对全民健身公共服务体系进行质的、深层次的分析做出评价。然而，构建全民健身公共服务评价体系是一项系统工程。有些内容是可以用数量来表示的，用定量的方法进行分析，简明、易懂；但有些内容不宜用数量来表示，必须用定性的方法来评价。因此，定量指标与定性指标必须结合起来，互相补充，相辅相成。

（五）单一指标与综合指标相结合的原则

在全民健身公共服务评价体系的设计过程中，不仅要运用单一指标对全民健身公共服务评价体系的某个方面进行分析评价，还要利用综合指标对全民健身公共服务评价体系进行完整的、系统的分析评价。单一指标必须考虑各个项目与整体的协调性，综合指标则必须以单一指标的各项目为基础。

三、全民健身公共服务评价体系建设的方法

（一）政府落实主体责任

当前，我国正在加快推进服务型政府的建设，各级政府都有责任对本区域内的全民健身公共服务进行监督和评估，因此政府应该着力加大全民健身公共服务考核评价体系的建设，在政策、资金和人力上制定一系列的配套措施，打破原有的“简单排名”的绩效考核方式，努力将绩效考核体系的功能从“激励”拓展到“指导”，促进全民健身公共服务考核评价体系的顺利实施。

（二）建立规范的考核评价制度

通过不断健全全民健身公共服务的考核评价体系，建立规范化的考核评价机制是保障我国全民健身公共服务均等化发展的根本途径。因此，应该不断结合我国全民健身公共服务的考核主体、客体、核心指标体系、结果发布等内容，不断落实和完善。此外，我国全民健身公共服务的供给主体不仅是体育行政部门，还需要其他行政部门的协同推动，这些都需要建设相关的联席会议制度，不断促进考核评估的实效性和完整性，促进我国全民健身公共服务的不断落实。

（三）合理引入第三方评估机制

传统的政府内部评估，不能完全保证考核评价的质量，可能会流于形式。通过引入第三方评估机制，可以更加公平公正地进行评估，保障考核评价的可信度，这与第三方评估机构能充分发挥人力和技术上的优势，使评估结果显得更加科学可信有关。

第六章　新时代全民健身公共服务的国内外典型案例研究

为提升公共服务效率，丰富服务提供方式，使公共服务方式符合人民群众日益增长的物质文化需求，政府应该倡导并推行合理的全民健身公共服务。基于此，本章探讨了国内外体育公共服务体系建设的经验与启示，对我国公共服务事业展开探索。

第一节　国内全民健身公共服务的典型案例

一、数字赋能下温州百姓健身房的发展

（一）温州百姓健身房助力全民健身

2020 年 10 月，国务院办公厅印发《关于加强全民健身场地设施建设发展群众体育的意见》（以下简称《意见》）指出，要继续完善国家健身场馆和基础设施的顶层设计，强化二者的有效供应。《意见》的颁布充分反映了中国高度重视全民健身事业和国家健身场馆及基础设施建设。温州市根据《意见》，深入完善工作机制，着力打造“处处健身”的优质体育空间，倡导“天天健身”的新生活理念，逐步形成“全民健身”的高水平健康素养，填补群众周围健身场馆和基础设施不足的问题，优化并完善群众百姓健身房建设。考虑到要为百姓健身房提供更高品质的服务，温州市体育局还从 80 多个体育社会组织中甄选了流行舞运动协会、木兰拳协会、健身健美协会、瑜伽协会、体育舞蹈协会、轮滑协会等进驻百姓健身房，提供免费课程达 1681 节，服务参加健

身的群众达2.3万人。温州百姓健身房作为全民健身场地设施的重要组成部分，能够为全民健身提供有效供给，充分改善全民健身环境，打造全民健康生活新方式。

（二）温州百姓健身房促进体育消费

温州百姓健身房采取低收费、免收费的公益性模式面向社会大众，收取的费用仅用于日常运营管理和器材维修，能够有效解决场馆闲置的问题，以及社会体育服务供给不足的问题，从而促进体育消费，推动体育产业高质量发展。百姓健身房有年卡和次卡，市体育局定下“通用年卡不超365元”的指导价，约等同于一天一元，部分地方还采取坚持打卡返利的活动，具体收费标准由各社区自行决定。目前，全市三分之二的百姓健身房实行免费，三分之一实行低收费。而社会上商业健身房的年卡价格普遍都在千元以上。为优化百姓健身房的管理和运营，更好地发挥其作用，温州市体育局出台了资金补助办法。

新冠疫情的暴发，无疑给体育产业为沉重一击，但是百姓健身房为体育产业的发展提供了源源不断的源泉。作为人人可以参与的体育场所，其“公益、便民、齐全”吸引了群众的参与，人们对健康的认知步入了新高度，越来越多的人参与到体育健身这一项目中来，增强体质、增进健康。这些人群的参与必定拉动体育消费，他们需要购买运动所需的衣服、运动鞋、运动包、运动水壶、健身护具、健身器械等硬件设施，还会接触一些体育APP、体育频道、体育新闻等，全方位助力体育产业。

（三）温州百姓健身房推进行业规范

长期以来，健身市场上存在着大量的不良健身房商家，通过“低价出售年卡”的方式快速圈钱，而后跑路，这大大打击了全民健身的热情，给消费者和健身行业造成了重大的负面影响，阻碍了全民健身事业的发展。2017年，上海奥森健身门店关闭，负责人失联；2018年，知名健身品牌“浩沙健身”崩盘，关于会员退费问题没有明确的说法；2019年，泉州安吉路动力堡国际健身游泳会所停业，老板失联、员工工资被拖欠；2020年温州世界东方健身房闭店，会员多次与商家协商退款无果……仅由社会牵头，以盈利为目的的商业健身房，大多数是小微企业，无论是圈钱跑路，还是关门倒闭，很难找到相应负责人，导致消费者维权不易❶。随着越来越多百姓健身房的建成，商业健身房跑路的乱象将在一定程度上得到解决。2020年10月，温州正式出台《百

---

❶ 张婷．郑州市城区商业健身房发展现状的调查报告［D］．郑州：郑州大学，2020.

姓健身房建设与服务规范》，与同年4月出台的《百姓健身房管理办法》《百姓健身房星级评定标准》共同构成了百姓健身房建设、管理、运营的一整套体系，推进了百姓健身房的行业规范，提供了一套可参考、可复制、标准化的“温州经验”，也将这种“温州模式”更好地向全省全国推广。

（四）温州百姓健身房提升体育服务

温州百姓健身房结合数字化转型，目前有13家百姓健身房实现了器材的数字化、智能化，并融入了浙江省全民健身公共服务平台，通过健身大数据的采集、分析和应用，强化了服务理念，深化了优质智慧服务。温州百姓健身房地点纳入了GPS地图，附近的居民可以根据地图查询，就近选址。另外，结合网上支付的大趋势，城市社区百姓健身房和有条件的农村百姓健身房实现了扫码预约支付。很多百姓健身房专门设有即时呈现大数据平台——全民健身大数据平台，可将健身者的锻炼项目、时长等数据实时上传，并为广大市民锻炼提供科学健康的指导和依据。扫一扫健身器材的二维码，通过相应步骤的指引，器材上会播放相应的使用教程，根据自身的器材操作，可以显示健身者运动是否规范。另外，健身者还可以在手机端的百姓健身房APP上提交相应的检测数据，获取体质检测报告、健身方案设计等。数字赋能技术旨在通过测量个人健身、技术数据来提高运动性能，以提供绩效反馈和训练指导，可以帮助体育参与者预防并减少运动损伤的风险。

（五）温州百姓健身房创新供给模式

物美价廉的温州百姓健身房带来一种全新的全民健身供给模式——温州社会力量办体育。如今全民健身上升为国家战略，社会力量办体育的口号越发响亮，温州百姓健身房为社会力量办体育建立了一个健康驿站，实现了政府引导和市场运营的两轮驱动，提高了社区运营效率和服务体验。在政府部门、社会组织和企业等各方的共同努力下，越来越多的群众参与到全民健身的大浪潮中。政府在数字体育中更多的是政策引领及社会管理，出台相应的优惠政策吸引社会力量参与投资、开发利用，推动体育公共资源的全面开放；探索运用政府和社会资本合作模式，支持引导社会资本投资数字体育领域，建立公益性服务、企业化管理、社会化运营的服务模式❶。时任温州市体育局局长张志宏在采访中说道，要实现社会力量办体育，最重要的是政府角色的转变，从“办体育”到“管体育”，将“办体育”的职能移交给社会力量，政府则着重于监

---

❶ 许金星．上海市社区“百姓健身房”运营模式研究［D］．上海：上海体育学院，2021.

督管理，更好地调动社会力量参与到全民健身事业中去。

二、以江苏省常州市为代表的体育社团承接模式

近年来，常州市在建成“10 分钟体育健身圈”的基础上，还建设了包括健身设施、健身组织、健身活动和健身服务等内容的基本全民健身公共服务体系。面对人民群众日益增长的需求和繁重的任务，常州市充分调动各方面的积极性，建立“政府主导、社会参与、全民共享”的机制，尤其是充分发挥体育协会、民办非企业单位等社会体育组织的作用，让他们成为全民健身公共服务的主角。

（一）实施“3+2”模式

在常州市全市推行“3+2”发展模式，即每个乡镇（街道）必须成立体育总会、老年人体育协会和社会体育指导员协会，并成立至少两个单项体育协会。为使这些协会顺利成立，体育局与民政部门协商，创新了体育社团注册登记手续，实行注册登记、简化登记、备案三种方式，体育组织可任选一种方式进行登记。同时，还对乡镇体育社团的成立进行一定的资金补助。目前，全市 59 个乡镇（街道）全部实施“3+2”模式，基本解决了“体育工作有人做”的问题。

（二）实施等级评估

从 2011 年起，常州市体育局会同民政部门开展体育组织等级评估工作。以规范化、社会化、实体化为原则，以有健全的社团组织和队伍、有规范的管理形式和制度、有较强的社会组织能力和市场运作能力、有持续发展的设施和资产，有推进项目发展的实效为基本条件，制定了社团建设等级评估标准，每年进行评估。根据不同等级，分别给予 3 万~10 万元的奖励。这极大地调动了各类体育组织完善制度、规范发展的积极性。目前，全市已建有 4A 级体育社团 11 家、3A 级体育社团 19 家。

（三）实施购买服务

从 2011 年起，常州市体育局实施政府购买全民健身公共服务，对体育组织承办各项赛事活动或代表常州市组队参加赛事活动给予奖补，较好地激发了社团组织举办活动的热情。常州市参加省全民健身运动会所有项目均由各个单项协会组织，常州市首届全民健身运动会社会部 11 个项目的比赛全部交由协

会承办。常州市95%以上全民健身活动由协会或俱乐部主办或承办。

（四）实施免费培训

为提高体育社团组织的业务水平，常州市体育局每年都制订社会体育组织年度培训计划，培训经费列入年度体育事业经费预算。体育局还成立了全民健身讲师团，邀请专家开展普训和专项指导。同时，高度重视社会体育指导员培训工作，全市2800多个全民健身活动站点均配备3名社会体育指导员，全市每万人拥有社会体育指导员25人，大学生村干部100%是社会体育指导员，并对这些社会体育指导员实施100%的培训。武进区所有乡镇（街道）成立社会体育指导站，聘请专人负责，设立专项经费，开展社会体育指导员培训、管理、指导等工作，形成“武进模式”。

三、贵州“村BA”的发展

（一）以节庆为契机，推动文体融合发展

体育赛事与传统节庆相融合，有助于丰富传统节庆内容，增强传统节庆的凝聚力，推动乡村文体融合发展。

第一，赛事举办时间设置与传统节庆契合，赛事以每年农历七月初七苗族吃新节为比赛开始时间❶。苗族吃新节已有千年历史，深植地区文化，是当地的传统节日。传统节日因其宗系联结、文化认同、凝聚力和制度结构等原因，能有效吸引传统节日受众。赛事与节庆融合，筹备节庆活动关联赛事，能有效提高赛事的延续性。地区节庆日往往也是群众的闲暇阶段，吃新节正处于当地初享辛勤劳动成果的时间，地区群众相对有闲，规避了因生产劳动造成的赛事活动组织难度增加。

第二，赛事与节庆庆典活动结合，成为节庆不可或缺的重要组成部分。自古以来我国就有民俗节庆开展体育活动的传统，如台盘乡在吃新节举办斗牛、笙鼓舞、武术等传统体育项目丰富节庆活动内容。以体育竞赛为特征的民俗节庆也成为新时期乡村体育发展常态❷，在节庆期间开展群众喜闻乐见的体育项目，丰富传统节庆活动内容，而且以体育赛事搭载节庆活动实现可持续发展。篮球项目深受台盘乡地区群众喜欢和热爱，在传统吃新节举办“村BA”不仅

---

❶ 彭芳蓉．贵州“村BA”为什么会火出圈［N］．贵州日报，2022-08-12.

❷ 李玉文，白晋湘．新发展阶段中华民族传统体育的时代机遇与路径选择［J］．体育文化导刊，2022（10）：57-64.

丰富了节庆活动的内容，同时有利于“村 BA”的延续举办和持续发展。

第三，赛事与节庆文化融合，提高赛事亲和力和传播力，增强赛事延续并传承节庆文化。体育是传统文化延续传承的重要载体，承载着节庆文化的传播与传承，同时传统节庆文化使体育更具独特性和传播价值[1]，如“村 BA”。举办期间的民族文化、服饰、舞蹈等展示活动，使民族文化搭乘“村 BA”这一载体实现了广泛的传播和有效的延续；同时台盘乡传统文化使“村 BA”具有独特性和传播价值，原中国国家队男篮主力后卫吕锦清现场观赛后赞叹其民族文化展示不仅独具特色，更丰富了赛事文化内涵。由此可见，赛事融合节庆可丰富节庆活动内容，增强节庆文化的传播力，实现赛事延续和可持续发展。

（二）以全民参与为手段，增进集体认同

乡村因血缘、社会生产等紧密结合，具有较强的集体认同感。“村 BA”以全民参与为手段，增强乡村体育集体认同和荣誉感。

第一，乡村体育活动举办以全民参与为目标，乡村群众通过赛事参与、组织、观看等方式实现全民参与，促进乡村共同体的集体认同和情感共鸣，促使集体荣誉感产生。如“村 BA”举办促进全民参与，与赛事共鸣，荣辱与共，上到八旬老翁，下到少年儿童，全民参与“村 BA”，老人小孩观赛，青壮年参赛、组织比赛，全民参与促使乡村体育的集体认同和荣誉感产生。

第二，以自然村为单位形成的强社会联系有利于集体荣誉感形成，如“村 BA”以自然村为代表队，参赛队员必须为 22 岁以上的本村村民，球员来源于乡村且受众认同感极强，促进球员及乡村球迷集体荣誉感产生。许多在外务工农民，都会在吃新节请假返回家乡打球、观看比赛，他们认为这是一种为乡村贡献自己力量的方式、为村争光的机会，要为乡亲们赢得荣誉。他们为赢球而感到无比自豪，为输球而感到沮丧，更有球迷观众将“村 BA”与国际比赛对比，认为虽然国际比赛水平高，但更愿意观看有家人、亲人参赛的乡村体育赛事。

第三，乡村体育赛事活动运动员具有较高的社会认可程度，运动员为乡村贡献自己的力量，获取较高的社会认同和社会回报，正向促进集体荣誉感的产生。如“村 BA”中篮球竞技水平较高的运动员，广受社会认同，作为荣誉的象征被邀请前往不同地方参加比赛，享受体育明星的待遇。

第四，全民参与还表现在牢牢掌握乡村体育举办的主动权，如“村 BA”

---

[1] 乔凤杰．符号视角的诠释：运动，与文化何干［J］．体育文化导刊，2016（6）：192-197.

通过乡村群众筹集资金举办赛事，去商业化，确保赛事主动权牢牢掌握在乡村群众手上，避免受资本影响而改变办赛服务乡村群众的初衷。

（三）以融合为目标，构建良好氛围

“村 BA”融入乡村群众日常生活，深受农民群众认同，营造了良好体育氛围，促进乡村体育发展。

第一，赛事活动融入群众内心，活跃乡村体育氛围，吸引群众通过参赛、办赛、观赛全面参与乡村体育活动，同时吸引外出求学及务工村民返回家乡参加比赛、观看比赛，如“村 BA”举办过程中，台盘乡外出务工人员返乡参加、观看比赛，无论男女老少，都热衷参与乡村体育活动，参与赛事成为当地群众内心需求；年轻人办好“村 BA”已经成为村规民约，年轻人也以办好赛事活动为己任并感到自豪。

第二，体育锻炼融入农民群众的日常生活，成为乡村群众日常生活不可或缺的组成部分，促进农村群众广泛参与、营造良好的体育氛围。篮球运动与台盘村的日常生活相融合，每逢节日或闲暇时间，农民群众就聚在一起举行篮球活动，上至耄耋老人，如 80 多岁的村民杨文先闲暇活动最常见的仍是投篮等篮球活动；下至垂髫幼童，如 9 岁的余凯健已经有 4 年球龄，篮球运动成为余凯健寒暑假的必选项目；青壮年每天闲暇时间都聚在篮球场投篮、打篮球等，篮球运动已经融入台盘乡群众日常生活，营造了良好的篮球氛围，提高了全体群众参与篮球运动的热情。

第三，推动体育融入社区，促进家庭、社会鼓励村民参与体育运动的社会氛围。家庭支持、社会鼓励是促进村民参与体育运动的直接动力，以“村 BA”为代表的乡村篮球赛事的举办，有助于促进社会形成良好的篮球运动氛围，增强社会对篮球的正确认识，形成家庭支持村民参与篮球运动的社会认同正向激励，实现个人、家庭、社会协同促进村民参与篮球运动。

（四）以特色为灵魂，扩大影响力

“村 BA”结合地方特色，挖掘乡村体育特色文化，多平台、多渠道推广传播，扩大乡村体育的影响力。

第一，结合地域特征挖掘乡村体育特色，如台盘村结合山地丘陵地区特点，依山而建容纳两万人的篮球场地，场地设施具有鲜明地域特点；同时乡村体育赛事活动奖品和纪念品也具有鲜明的地域代表性，“村 BA”奖品为地理标识产品的贵州黄牛，纪念品中不乏龙里刺梨、罗甸火龙果、长顺高钙苹果、

西瓜、大米、猪脚等充满贵州特色的产品❶。

第二，多渠道、多平台推广传播，扩大乡村体育的影响力。“村 BA”举办期间，先后通过抖音、微信、微博等多平台现场直播，超过 1 亿人次观看赛事转播，通过短视频、微信朋友圈等推广宣传赛事，实现了乡村体育的广泛传播。同时与网红、名人互动，实现赛事更大范围的宣传：“村 BA”初期，贵州篮球网红石学念对推动赛事起到了至关重要作用；随后外交部发言人赵立坚转发点赞，将赛事活动拉入国际关注的视野；邀请中国篮球协会主席姚明前往现场观赛，进一步助推了赛事的推广和传播；国际篮球名宿的关注和转发，将“村 BA”带向世界。与网红、社会名人互动，搭借其社会影响力和传播力，助力乡村体育品牌推广和宣传，实现了乡村体育活动广泛传播，扩大了乡村体育的影响力。

第三，培育乡村体育品牌，加速乡村体育活动传播推广，提升乡村体育的影响力，实现乡村体育的可持续发展。台盘村围绕“村 BA”，打造赛事品牌，促进赛事传播，吸引社会广泛关注，增强了本土村民的赛事认同感。

四、湖北“去运动”APP 的建设

（一）政府购买公共服务

“去运动”APP 是政府购买公共服务一个案例。政府补贴，将大型体育场馆的部分时段向公众免费或者低收费开放。

政府购买服务是一种新的公共服务方式，通过市场机制把政府直接提供的一部分公共服务事项以及政府履职所需服务事项以公开招标、定向委托、邀标等形式，交由具备条件的社会力量和事业单位承担，政府根据合同约定支付费用。湖北省体育局与湖北日报传媒集团荆楚网合资成立湖北爱运动体育信息科技有限公司（简称“爱体科技”）。湖北省体育局出资授权，委托爱体科技面向社会公开招标，选择场馆进入“去运动”APP 平台。在此过程中，作为政府购买主体的湖北省体育局有几大职责：

第一，是投资购买公众体育服务。据了解，投入资金来源有财政预算资金、大型体育场馆免费低收费开放补助资金、福利彩票销售筹集的公益金等多项渠道。

第二，协定购买标准。根据场馆的服务意愿、设施、面积、规模、地段、

❶ 王啸，马鸿韬，梁瑜洁．体育舞蹈赛事文化内涵及建设路径［J］．体育文化导刊，2021（8）：74-79.

人员、管理、配套服务等因素，综合考量对购买的公众体育服务测算议价。

第三，合同管理。湖北省体育局作为购买主体，分别与承接主体“爱体科技”及各个场馆签订合约，督促场馆严格履行合同，及时了解掌握场馆服务实施进度。一旦发现违反合约行为，尤其是违背服务社会的初衷，可以随时终止调整。

第四，监督调整。湖北省体育局对委托方“爱体科技”提出要求，必须要实现服务社会功能，平衡社会效益与经济效益。

第五，考核付款。综合场馆工作量、社会评价（点赞与评价），引入第三方机构评估，最终评定结果，并依此付款。

（二）场馆 O2O 模式服务社会

“去运动”APP 就是一种 O2O 电子商务模式，为场馆和运动爱好者提供了一个便利的交易平台，2015 年 8 月 8 日在支付宝上线后为湖北省 1700 万支付宝用户提供了更优质的体育服务。

场馆之所以选择“去运动”APP，一是考虑到 O2O 模式提供的“线上购买（预约），线下服务”的便利与发展前景；二是看重依托湖北省体育局的全民健身公共服务平台的巨大号召力与吸引力，“去运动”APP 现有 50 万注册用户，近 500 万人次使用，遍及全省 17 个地市；三是抢先搭乘“互联网+体育”新兴产业形态的争先意识。

633 个场馆同时在“去运动”APP 平台上展本身就是一种竞争，地理位置、环境氛围、支持类型、器材设施、教练培训、时段价格、活动更新、用户评价等要素都能够通过 APP 界面查询，供消费者比较。

1. 大型场馆彰显公益

对有国家财政支撑的事业单位性质的大型场馆而言，“去运动”APP 能够帮助其更有效地配置场地资源、提高场馆利用率，同时更能帮助那些开始学习互联网经营模式的非中心地段的大型场馆宣传。“去运动”APP 有助于彰显场馆的公益性。大型场馆承担着服务全民健身的义务，2013 年 10 月底，国家体育总局等八部门联合印发《关于推进大型体育场馆免费低收费开放的通知》，要求体育部门所属大型体育场馆和区域内公共体育场地、设施应该免费、低收费向社会开放。以洪山体育中心为例，每年有固定的八天向特定人群实行免费开放。洪山体育中心每周二、周四可以提供免费体质监测。而加盟“去运动”APP 则能够更好地向大众推广期免费服务。此外，通过“去运动”APP，洪山体育中心羽毛球馆、网球馆、国球馆、游泳馆周一至周五，均会在特定时间段实行免费或优惠。据统计，2014 年 7 月至 12 月洪山体育中心羽毛球馆免费预订数量为789人次，英东游泳馆免费预订数量达9174人次。

2. 民营社会场馆营销宣传

对民营社会场馆，尤其是中小型健身会所，“去运动”APP更是一种成本低廉但受众广泛的宣传手段，也因此近200家民营社会场馆甚至自筹资金提供免费及低收费服务。

免费体验、优惠会员制一向是民营健身会所的营销手段，现在与“去运动”APP相结合，能够进一步扩大其影响力。

（三）APP公司运营推广

目前负责开发运营推广“去运动”APP的为湖北爱运动体育信息科技有限公司，其成立于2014年8月，由湖北洪山体育文化产业发展有限公司、荆楚网旗下子公司湖北楚天鑫融信息服务有限责任公司共同出资设立。

1. 群体定位

由于“去运动”APP是湖北省全民健身公共服务平台，因而面向的是全体湖北省内有健身需求的群体。就全民健身而言，当然越广泛越好，但就市场产品定位而言，则不够精准。

以某女子养生健身会所为例，其目标群体主要是中高收入的女性会员，年卡费用为3000元，这与年人均文化体育消费不足150元的现实水平相比差距甚大。通过“去运动”APP带来的免费体验者，大多数没有能力承受如此高的费用。而在免费体验过程中，一些洗浴、调理、保健等消耗品的损耗，又会增加商家的运营成本。这个相对小众的类别，如何能够在全民健身平台上推广，实现消费、商家的双赢，还有待进一步探讨。未来“去运动”APP或许应考虑实现群体的分层定位。

2. 功能设计

APP设置为“4+8+X”模式：即“4”个平台，由“去运动”APP、PC平台、手机微网站和微信公众号构成；“8”大服务功能，包括场馆预订、同城约战、体育赛事、体质检测、健身订制、体育商城、健康管理、会员中心；“X”为个性化服务，通过建立“大数据”来挖掘、定制更多的服务点。

目前，已实现了“场馆预订”和“同城约战”两项，其他功能有待持续添加。“场馆预订”主要提供健身信息资讯，可以查询周边场馆情况，抢免费场馆，参与优惠活动。“同城约战”则使“去运动”APP具有社交属性，能够组建战队，网约对手，增加运动的竞技性。

“去运动”与PC平台、手机微网站和微信公众号相互联动，在微信公众号上也可以实现“场馆预订”功能，还会定期接收活动咨询、健身知识。

3. 运营推广

由于“去运动”APP有湖北省体育局和《湖北日报》荆楚网的大力支持，资源丰富，在最初的运营推广方面比较成功。

第一，专题推介会。“去运动”APP是在2014年7月18日举行的主题为“移动互联：重构全民健身千亿市场”的中国体育营销论坛2014（湖北）夏季峰会上上线，产品一亮相就受到了政府、体育、互联网、科技、金融、媒体等各领域专业人士的瞩目。并经过《湖北日报》报道，在各大媒体上引起了较多关注。

第二，印刷类广告。在各个合作的场馆门口都可以看到“去运动”APP利用海报、招贴、宣传单等方式进行推广，继续扩大消费群体。

第三，线上线下活动。与“杰之行”等运动品牌商家合作，开展“绿茵小明星暑假足球嘉年华”“运动男神女神绝美召集令”“2015年度‘动’美人大赛”等活动召集参赛者，利用“去运动”微信平台投票，带动“去运动”APP的宣传。

第四，新媒体联动。“去运动”开通微博，通过定期更新健身知识，转载健身名人、健身达人的微博、与粉丝互动等方式，扩大“去运动”的影响力；此外，还分别开通微信公众号、微信订阅号，吸引粉丝。“去运动”加入支付宝平台之后，更是吸引了许多支付宝用户。

第五，口碑宣传。通过与场馆合作，开展长期免费、低价优惠措施，赢得关注，并以会员的方式固定消费群体。如绿色动力羽毛球馆会员表示，通过“去运动”APP办理会员费用更低，而一起打球的朋友也都互相介绍。一旦“去运动”的社交功能强化后，会实现更加频繁的人际传播。

第二节　国外体育公共服务体系建设的经验及启示

一、国外体育公共服务体系建设的经验

（一）美国的体育公共服务体系建设

1. 美国体育公共服务基本情况

相较于其他国家，美国是当之无愧的体育强国，拥有强大的体育软实力。

美国公众体育健身主要体现在由“各类健身俱乐部”实现的三个层次、七种类型的体育服务上。

三个层次分别为传统型的老式俱乐部、健身和使用球拍俱乐部、“准俱乐部”。其中，传统型的老式俱乐部为第一层次，例如网球俱乐部、排球俱乐部、赛艇俱乐部等，大概有 6 000 个；健身与使用球拍俱乐部为第二层次，大概有 9 000 个；“准俱乐部”隶属于各类组织，为第三层次，数量较多，超过 20 000 个。七种类型体育服务分别是：私人体育健身俱乐部；商业性健身中心和健美俱乐部；隶属于社会团体的俱乐部；旅馆、大型建筑和公园中的休闲和健身中心；隶属于公司的体育健身俱乐部；业余和职业的运动项目俱乐部；治疗和康复中心。由上述三个层次和七种类型可知，美国大众体育健身层次和类型具有多样性，体育健身在大众中的普及情况比较乐观，在人们的日常生活中也因体育健身而形成了各种社会关系。

2. 美国公共体育设施情况

（1）美国各级政府提供公共休闲场所和公共体育健身设施

美国的公共休闲场所和体育设施主要是由联邦、州、地方政府，利用税收、拨款来修建的。美国联邦、州、地方政府分别拥有用于开放体育休闲场所的 1.05 亿公顷、1700 万公顷和 3642 万公顷的土地。在所有土地中剔除楼市建筑和一半的森林外，自然保护区占 9%、钓鱼与游戏区占 10%、公园及其他指定的休闲区占 6%。在这些自然保护区、钓鱼与游戏区、公园及其他指定的休闲区，人们可进行徒步旅行、钓鱼、打猎、登山、划船、慢跑、游泳、冲浪、滑雪、野营、骑摩托车、滑翔，以及其他多种多样的休闲和健身活动。

这些公共设施不仅成为提升城市品位和现代化发展的一个功能平台，而且为美国大众体育健身赋予了不同的形式和意义，并将不同形式和意义的大众健身纳入社会和文化生活领域，促成健康观念和健身行为的社会化。

（2）美国社区体育健身的场地设施

在美国，社区活动中心隶属于社区联合会管理，针对各类体育活动中心（健身、心理康复、娱乐、宣泄等）的建设和改进提出有关建议，并推动其优质化发展，尤其是供社区居民休闲、娱乐的“社区公园绿地”建设。在社区联合会的推动下，美国社区中平均每 1000 人就拥有 0.4 公顷~0.8 公顷的公园绿地。在这类公园中，除一些常规性的体育设施外，还设有高尔夫球场、儿童游戏场、野餐区域、运动场、游泳池、自行车与徒步旅行道等。如此有效的社区管理组织，保证了社区体育的良性运作和建设，同时也极大地激发了社区居民参加大众体育健身的热情。

（3）美国私人和社会团体的体育健身设施

美国有 9.3 亿公顷的土地归私人所有。据不完全统计，美国注册的私人健身俱乐部共有 2.1 万个。这些私人健身俱乐部往往靠近城市，因此美国私人的休闲资源对美国大众体育健身具有重要意义。在私人休闲场地和社会团体的体育设施的使用上，美国社会休闲、健身、娱乐的总体状况有三种形式。一是以营利为目的，一些企业对休闲地带进行开发，即建设野营与野餐地、疗养地、旅游牧场、商业海滨、高尔夫球场、冲浪地带、射击场、赛马场、装备与远足服务以及主题公园；二是非商业性使用，即私人俱乐部与公益事业型的组织（美国男青年基督教协会、女青年基督教协会、男女童子军等）所拥有的场地设施既服务于俱乐部会员，又向社会进行象征性收费的有偿开放（非营利，主要用于设施的维修）；三是公司、企业无偿向雇员及社会提供体育场地与设施。

3. 美国体育法制化支持

美国政府非常重视利用法律手段对大众体育健身进行管理和调控，与其高度关联的法律和法规不完全是专门的体育立法，还包括许多公共立法，这些法律和法规主要从以下三个方面影响美国大众体育健身的发展。第一，确保体育教学和基层体育健身的发展；第二，保证美国公民平等参与体育健身的权利；第三，保证政府为公民提供基本体育休闲场地和健身设施。这些法律法规要求政府为大众体育场地设施的建设提供大笔资金，促使联邦政府开发森林资源和水土资源建设供美国人民进行休闲活动和体育锻炼的公共场所。

（二）德国的体育公共服务体系建设

1. 德国体育管理机构

德国体育是典型的社会主导型机制，没有专门的政府体育主管部门。宪法中没有明确地赋予联邦政府管理体育的权力，德国体育的管理任务主要由各类社会体育组织，如体育类协会或俱乐部来承担，各联邦州政府中的教育部门和体育局只负责中小学体育教学和公共体育设施的建设。目前德国体育的最高管理机构为德国奥林匹克体育联合会（DOSB），所有体育俱乐部都通过不同层面（州、地区和城市）的专业协会和体育联合会直接或间接接受德国奥林匹克体育联合会的管理。因此，德国的体育体制又被称为典型的“俱乐部体制”。这种俱乐部体制有效地促进了德国体育的发展，在竞技体育、学校体育和群众体育等方面起着重要而积极的作用。在德国，与体育运动有关的部门、机构和组织被分成两部分——官方机构与非官方机构。在官方管理机构中，国家层面（内务部）主要负责全国范围内竞技体育和军队体育的开展，同时给德国奥林匹克体育联合会提供经费和政策等方面的支持；联邦州层面则负责学校体育（包括中小学和大学）和群众体育的发展；而城市和地区政府部门（体育局）的主要职责就是建设场馆。因此，并不是所有与体育相关的政府部门都主管竞技体育，而且是政府级别越低管得越少。在非官方机构中，竞技体育主要由德国奥林匹克体育联合会及其下属的各专项协会来管理。2006 年以前，德国体育联合会和德国奥委会还是两个独立的组织，2006 年 5 月合并为德国奥林匹克体育联合会，成为德国管理和促进体育发展的最高组织机构。

德国政府十分重视体育公共服务体系建设，并且与体育协会之间并不是相互独立的，而是相互联系、相互影响的。政府在公共体育服务体系建设中发挥着至关重要的作用。政府不仅可以为公共体育服务体系建设提供基础设施，还可以对公共体育服务体系建设进行监督和管理。同时，政府还结合公共体育服务体系建设的需要，设立体育运动委员会，且对体育公共服务的财政进行监督和管理。德国政府与体育俱乐部之间也存在着紧密的联系。具体而言，政府充分发挥自身职能，培养优秀的体育教练员，不断向体育俱乐部输送优秀的体育教练。根据体育俱乐部的需求，提供相应的运动场所，且是免费的。当然，俱乐部并不是只享受政府带来的便利，也会注重人民群众的需求，在实践中搜集相关需求并及时反馈给当地政府。政府以此为依据，制定相应的体育规划、政策，从而不断满足人民群众的体育需求。

需要提及的一点是，地方政府对体育公共服务的资金投入力度很大。无论是体育经费，还是运动员训练费用，抑或是各种体育活动费用，都与地方政府的资金投入有着重要的作用。可以说，德国地方政府十分重视体育公共服务体系建设，并为其建设提供资金保障。

2. 德国群众体育的开展

德国的群众体育很发达，全民健身活动非常普及。德国有 1/3 的人口是体育俱乐部的会员，经常在俱乐部中参加体育锻炼和比赛，另有 1/3 的人口经常在商业体育场所或自发地进行身体锻炼。因此，德国的体育人口大约占总人口的 2/3。

大众体育俱乐部是保证德国群众参与体育活动的最基本要素。德国的大众体育俱乐部以其合理的收费、众多的数量以及丰富多彩的运动项目吸引了大多数经常参加体育锻炼的民众。德国大众体育俱乐部通过提供场地器材、教练指导、共同锻炼机会和比赛机会等措施来增强会员参加体育锻炼的积极性和效果，同时通过丰富多彩的活动增加会员的归属感和凝聚力。

群众体育在德国占据着重要的地位。俱乐部体制在群众体育中得到充分体现。德国奥林匹克体育联合会作为专门负责管理体育工作的最高管理机构，涉及范围十分广泛，包含诸多下属机构以及联合会，还包含很多的专项体育协会。德国奥林匹克体育联合会对这些下属机构、专项体育协会等进行监督和管理。此外，体育俱乐部也归属德国奥林匹克体育联合会监管。这些体育俱乐部可以通过不同层次的协会享受奥林匹克体育联合会的福利和待遇，也可以通过各种形式的体育联合会反馈意见，接受监督和管理。

3. 德国竞技体育的发展

德国的竞技体育也是以“俱乐部体制”[1] 为基础，其特点如下。第一，政府主管部门主要通过经费投入、建设场馆和建设基础设施等方式支持竞技体育发展，而具体组织和管理都通过奥林匹克体育联合会及其下属的各专项体育协会来完成；第二，运动员的职业生涯从俱乐部开始，在俱乐部或各级训练基地中训练，代表俱乐部参加各种比赛，由政府、俱乐部和竞技体育基金会共同资助。因此，德国竞技体育系统的构成可概括为：在德国奥林匹克体育联合会的领导和管理下，各专项体育协会、联邦州体育联合会和联邦国防军体育管理机构积极参与，依托奥林匹克训练基地、青少年训练基地和体育俱乐部，通过教练员培训和体育科学研究，共同提高竞技体育水平。

4. 均等化与市场化

均等化是德国重视并实施的一种理念和策略。尤其是在财政方面，德国提倡均等化设计。财政层面的均等化设计的目的是促进德国各类公共服务的均等化。当然，体育公共服务均等化的实现也依赖于德国财政均等化的设计。需要说明的是，德国的均衡分配并不是无止境的，而是有一定的上限，这个上限有着明确的规定和标准。这个标准的制定主要是以全国人均财政收入水平为基准。一旦达到这个基准的99.5%，就不能再继续享受均衡分配，同时转移支付也会被迫停止。

除了均等化外，市场化也是德国重视的一个方面。德国在融资方面主要采用的是市场化的方式。在体育领域，德国重视体育彩票的发展。通过体育彩票进行融资，为体育公共服务体系建设提供了资金保障。另外，德国还十分重视体育债券市场，吸引不同的企业投资体育债券，这些也为体育公共服务的发展

---

[1] 辜德宏．我国竞技体育发展方式转变研究 基于政府作用的视角［M］．苏州：苏州大学出版社，2017：209.

奠定了基础。

德国在体育公共服务方面注重市场化发展。德国为体育公共服务发展提供了大量的社会资源，加大资金投入力度。在这种背景下，很多体育场馆遍布德国各个角落。从本质上而言，这些体育场馆大多数都是一些俱乐部，有的还是一些学校。无论是俱乐部还是学校，这些体育场馆在模式方面都采用的是市场化模式。尽管如此，这些体育场馆并没有高额的收费，而是只收取一些会员费。缴纳一定的费用，就可以成为会员。一旦成为会员，就可以进入体育场馆。这些会员在使用体育场馆设施的过程中是不需要额外收取费用的。甚至一些运动器材以及体育场馆内的消耗品也是免费供给会员使用的。除此之外，德国还十分重视评估机制和体系的建立，对体育公共服务进行客观、科学的评估。当然，德国也采取多措施对体育公共服务进行监督和管理。尤其是体育公共服务市场，德国更是投入更多的人力、物力和财力进行监督和管理，从而在一定程度上促进公共服务体系的建设和发展。

（三）日本的体育公共服务体系建设

1. 体育法治建设

在新的社会发展形势下，日本颁布了《体育振兴基本计划》❶。其主要政策包括三个方面。一是为实现终身体育社会，进一步完善地域体育环境的对策；二是提高日本国际竞技水平的综合对策；三是推进终身体育、竞技体育和学校体育之间协调发展的对策。这些对策有利于提高日本少年儿童的体力；有利于建设日本终身体育社会；有利于提高日本的国际竞技水平。这些法律法规的制定保障了日本公共体育的健康发展。

2. 综合型地域体育俱乐部和泛区域体育俱乐部

日本体育协会受日本文部科学省委之令，在日本各都、道、府、县的各市、町、村正式推进设立综合型体育俱乐部扶植培育项目。经过十多年扶植推进建设，目前已经设置综合型体育俱乐部遍布日本各地，对提高日本国民健康机能和生活质量水平，推动社会、学校、竞技体育三者的协调发展，起到了积极的促进作用。

日本对体育的重视度也非常高。在日本的高度重视下，日本体育得到了快速发展。在促进体育发展的过程中，日本十分重视学校体育的开展。日本会根

---

❶ 曹继红．日本大众体育发展与“政府促进”研究［M］．沈阳：沈阳出版社，2008.

据学生的实际需要，组织各种不同形式的学校体育活动，也会花费大量的资金购买体育设施，从而保障学校体育的顺利开展。在现实情况下，日本发展体育存在着一些难题：第一，学生体质不断下降；第二，学生离开学校，踏入社会，就很难继续进行体育运动。面对这些现实问题，日本并没有退缩，也是将学校体育与社会体育融合在一起，促进两者的相互渗透和融合。

纵观日本的所有小学，都设有体育场馆。一直到高中，体育场馆都陪伴着学生的成长。体育场馆种类多样、数量众多，不仅有室内的，还有室外的。需要指出的是，学校体育以及相关体育设施并不是封闭的，而是具有很强的开放性。实际上，学校体育和社会体育存在着密切的联系。社会体育的发展离不开学校体育的支持。日本十分重视学校体育建设，并投入大量资金加强社会体育建设。综合型区域体育俱乐部和泛区域体育俱乐部在日本体育发展中占据不可替代的作用。下面主要从这两个方面对其进行系统论述。

（1）综合型区域体育俱乐部

综合型区域体育俱乐部在发展过程中形成了自身独有的特点，这些特点具体表现在以下方面。

第一，运动项目多样化。综合型区域体育俱乐部在运动项目方面体现了多样化的特点。不同的人有着不同的体育运动爱好，也有着不同的体育运动需求。多样化的运动项目可以为人们运动提供各种不同的项目，也可以满足不同人的不同需求。

第二，不受时间和空间的限制。在综合型区域体育俱乐部的人，可以突破时间和空间的限制，根据自己的兴趣、爱好、特长、实际水平等选择适合自己的体育运动项目，从而不断发展自己的兴趣和爱好。

第三，体育活动场所和体育设施的多样性以及体育活动的丰富性。体育运动活动的开展并不是在固定的体育场所，也不是在固定的地点。凡是有一定的运动基地资质的都可以作为体育设施和活动场所。同时，在举行体育活动的过程中，体育活动的举办也不是固定的，可以根据实际情况选择恰当的时间组织活动的开展。

第四，综合素质较高的体育指导员。在这个俱乐部中，体育指导员有着较高的素质和体育水平，可以根据不同的学生因材施教，针对学生的需要选择各种不同的体育项目，对学生的运动进行科学指导。

第五，具有经营组织，这个组织主要依靠区域居民。区域居民并不是被动组织这些活动的，而是主动发起的。

(2) 泛区域体育俱乐部

泛区域体育俱乐部在发展过程中形成了自身独有的功能，这些功能主要集中在以下五点。

第一，泛区域体育俱乐部可以为综合型区域体育俱乐部的发展提供服务和支援。一些综合型区域体育俱乐部在成立过程中也需要泛区域体育俱乐部的支持。

第二，综合型区域俱乐部需要管理人才，也需要体育指导人才。这些人才的培养也与泛区域体育俱乐部有着密切的关系。

第三，泛区域市、町、村范围中一些信息的获取、搜集和整理，都需要泛区域体育俱乐部的支持。可以说，泛区域体育俱乐部在这些区域体育信息搜集和提供中起着重要的作用。

第四，泛区域体育俱乐部可以为泛区域市、町、村规模的扩大提供各种不同形式的交流会。

第五，泛区域体育俱乐部可以促进区域体育活动的发展。在促进过程中，不仅可以从运动医学层面进行促进，还可以从体育科学层面进行推动。

二、国外体育公共服务体系建设对我国的启示

（一）体育公共服务体系建设的制度和法律保障

制度和法律具有规范作用，建立健全公共体育服务体系的制度和法律政策对公共体育服务事业的发展具有重要意义。西方国家在开展公共体育服务体系的建设工作时普遍会制定一系列的政策法规，以保证政府部门和非政府组织保持正确的工作方向，以促进本国公共体育服务事业向预期方向发展。

相较于西方发达国家，我国公共体育服务体系建设还不够完善，尤其是公共体育服务相关法律政策建设方面还有所欠缺。为此，应树立和培育公共体育服务供给主体的法律意识，建立健全公共体育服务相关法律政策，进一步规范公共体育服务供给主体的行为。此外，还应对已有的公共体育服务法律政策进行整理，将其中不适宜时代发展要求的法律法规内容淘汰删除，并根据实际情况与社会需求制定新的法律政策，而且要对增设的公共体育服务法律政策进行检验。可以选取一些城市作为试点城市付诸实践，收集、整理民众的意见，然后根据民众的建议对法律政策进行调整和完善，最终以正式的公共体育服务法律政策的形式呈现在人们面前。

（二）引导公民和社会力量积极参与体育公共服务体系建设

传统认知与常规行为模式中，公共体育服务唯一的供给主体为政府。随着社会经济的快速发展以及新公共管理理论的出现，人们逐渐意识到政府并不是唯一的公共体育服务供给主体，应将非政府组织引入公共体育服务的供给机制，使政府部门与非政府组织同台竞争，以满足不同群众对公共体育服务的不同需求，推动政府向“服务型”转变。

从西方发达国家的公共体育服务发展历程来看，其经历了“管理型政府”向“服务型政府”转变这一过程。在这个转变过程中，社会民众对公共体育服务的需求的逐渐提高加大了政府的压力，国家政府逐渐将具体的公共体育服务向地方各级政府转移，使各级地方政府能够自主地开展公共体育服务工作。此外，政府还将部分职能向非政府组织转移，使社会营利性组织和社会非营利性组织能够参与到公共体育服务的供给工作之中。这不仅缓解了政府的财政压力，还进一步丰富了公共体育服务的内容和形式，有效保障了民众的基本体育权利，这一实践经验对我国公共体育服务的发展具有一定的借鉴意义。

从目前来看，我国社会体育组织的影响力远不及政府体育行政部门，这不利于公共体育服务供给多元化局面的形成。因此，为了更好地发挥社会体育组织在公共体育服务中的作用，应首先提高社会体育组织的影响力，即通过政府的政策引导和资金支持充分调动社会营利性组织和社会非营利性组织参与公共体育服务工作的热情和积极性，使民众逐渐了解社会体育组织的独特作用，使其积极地参与到公共体育服务的监督、管理、评价体系之中，促使政府和社会体育组织共同为民众提供公共体育服务，从而满足民众不同层次的公共体育服务需求。

（三）重视多层次、多部门协同配合

西方发达国家的公共体育服务现已从传统的单一型供给主体向多元供给主体方向转变，形成了政府主导、社会各体育组织协作的公共体育服务供给新模式。发达国家公共体育服务供给主体主要由国家政府、地方政府、社会体育组织、学校和社区等构成，每个供给主体在公共体育服务供给体系中发挥着不同的作用。例如，国家通过建立健全公共体育服务法律政策的方式引导各供给主体开展公共体育服务；社会体育组织根据人们的需求制订有针对性的公共体育服务；学校向学生和周边居民开放体育场地和体育设施。

部分西方发达国家的政府虽然没有设立专门管理公共体育事务的机构，但大部分部门都与公共体育服务密切相关。例如，修建道路时，住建部和交通运输部会考虑到骑行道路、徒步旅行道路的修建。对此，我国也应建立这样的联系观，各部门做好公共体育服务的相关举措，不能将所有的责任都归入政府体育行政部门，应当充分发挥社会体育组织和其他部门的作用，进一步形成政府主导下的公共体育服务供给主体多元化局面。

（四）拓展多元化资金投入渠道

目前，西方发达国家已经形成了政府主导、社会各体育组织共同参与的公共体育服务供给体系，经费由政府和社会体育组织共同承担。此外，政府还要从法律、政策层面支持公共体育服务的发展。我国在开展公共体育服务工作时，政府应积极引导社会体育组织对公共体育服务事业进行投资，充分发挥社会体育组织在公共体育服务工作中的作用。在具体实施过程中，政府可以出台与有关公共体育服务相关的激励政策，鼓励社会体育组织为民众提供公共体育服务，通过丰富公共体育服务的内容和形式推动公共体育服务体系的发展。与此同时，我国政府还要加强和企业之间的合作，充分发挥政府的引导作用，以企业的创新意识引领并肩推动公共体育服务事业的发展。

此外，政府应科学引导社会体育组织加大对农村公共体育服务的投资，并通过购买公共体育服务的方式为社会体育组织提供经济补偿。

总体来说，政府引导社会体育组织投资的目的不仅是促进社会资源的合理配置，更多的是提高人们的体育健身意识。政府应充分调动社会体育组织的力量营造全民健身的氛围，使民众认识到公共体育服务的重要作用，并能够积极地参与到对公共体育服务的监督工作中，促进公共体育服务的良性发展。

（五）加强体育志愿服务的作用

在西方发达国家，体育志愿者在公共体育服务体系中扮演着至关重要的角色。担任体育志愿服务的力量主要是体育指导员和志愿者，是体育发达国家大众体育工作的重要支撑力量。体育志愿服务为发达国家体育事业的发展节省了大量人力物力，政府普遍重视志愿服务管理职能的履行，通过立法保障、建立激励机制等措施扩大体育志愿者群体人数；通过加强业务培训，使体育志愿者专业水准、服务质量得到提高。体育志愿服务产生了巨大的社会和经济效益，体育指导员和志愿者的高质量、无偿性的体育服务能为体育活动的开展降低运

营成本，为政府减少大量的公共财政拨款。北京奥运会后，我国大众体育蓬勃发展，但公益性社会体育指导员和体育志愿者不足，特别是社区体育志愿者非常缺乏。今后我国要加大培养体育志愿者的力度，如在各级学校的思想政治教育中注重学生的志愿精神培养，把担任志愿者的经历作为学生评优评先和升学的考核内容；鼓励现役或退役运动员深入社区义务指导居民健身；继续加大社会体育指导员的培养力度，激励有体育特长的公民参与体育志愿服务。

（六）对弱势群体和特殊人群公共体育服务的供给非常重视

西方发达国家对弱势群体和特殊人群公共体育服务的供给是非常重视的。英国、德国在制定体育发展政策和规划时，为保障特殊人群和弱势群体的体育锻炼权益，专门制定了特殊人群和弱势群体的体育指标。在制定大众体育政策时，德国把公共体育服务均等化作为一项基本原则，让每个公民都有机会参加体育活动，让每个公民都能够在体育俱乐部中根据自己的兴趣和能力找到相应的体育项目。政策的贯彻落实必须要有相关的配套措施和相关的部门协调配合，这样才能保证执行效果。不同时期的英国体育发展的侧重点有所不同，但大众体育特别是弱势群体和特殊人群的体育锻炼权益一直受到重视。

我国工业化、城镇化、老龄化进程中产生了数量庞大的特殊群体，如农民工、老年人和残疾人，还有青少年体质状况令人担忧，因此要加强立法，制定配套体育政策保护弱势群体和特殊人群享受公共体育服务的权利，营造无障碍体育环境，使弱势群体和特殊人群能锻炼、想锻炼、积极锻炼身体；鼓励各级各类体育场馆增加无障碍体育设施，并免费或优惠向弱势群体开放，对向弱势群体开放较好的体育场馆给予一定补助或减免税。

（七）覆盖面广、服务模式多元化、利用率高

外国公共体育设施供给方面的特征可以概括为以下三个方面：第一，覆盖面广；第二，服务模式多元化；第三，体育场馆利用率高。

德国政府通过提供经费保障，鼓励公立学校或私立学校的体育场地设施对公众开放。部分地方政府规定：学校的体育场馆必须在课余时间向俱乐部开放，具体开放形式和开放时间安排由学校与俱乐部进行协商。

日本体育设施主要在学校，其中80%的体育设施由学校供给，99%的公立学校体育设施均对外开放。日本高度重视学校体育设施的综合利用率，提出了全面开放学校体育设施的政策。我国公共体育设施的短缺是制约大众体育发展

的瓶颈，原因主要有两点：一是公共体育设施建设相对不足；二是没有盘活现有的公共体育设施。

通过上述分析可知，要加大社区附近小型、简便公共体育设施建设的力度，就要在城镇化过程中建设和规划住宅小区、公园、城市景观时把体育场地设施作为重要的组成部分，政府、企事业单位的体育场地设施免费或低价租借给体育社会组织，用于开展活动。同时，严格执行学校体育场馆和体育部门体育场馆向社会开放的政策，加强监督和评价，加快学校体育场地设施和教学区隔离，对维护成本低的室外场地可以实行免费开放，而对维护成本高的体育馆等则低收费开放，政府则对开放学校按人数给予补贴。

第七章　新时代全民健身公共服务动力机制及未来展望研究

随着《全民健身条例》和《全民健身计划（2021—2025年）》的相继颁布，全民健身公共服务体系的构建与长效运行成为学者们的研究热点。当前我国全民健身公共服务供给不足，无法满足群众日益增长的健身需求，其中全民健身公共服务动力不足是关键的制约因素，全民健身公共服务发展规划是重要保障。此外，了解新时代全民健身公共服务未来发展，对全民健身公共服务研究具有十分重要的意义。本章主要探讨了新时代全民健身公共服务动力机制及其未来展望问题。

第一节　新时代全民健身公共服务动力机制研究

一、政策激励机制

公共政策是“一个或一群行动者为解决一个问题或相关事务所采取的相对稳定的、有目的的一系列行动”。[1] 公共政策产生于政府机构，并对大多数人构成影响，是具有目标导向的行动，是政府活动的方式或过程，产生于公众对政策需求的回应。切实有效的群众健身公共政策将对全民健身供给起到规范和激励的作用。

为落实全民健身计划，中央和地方政府及相关部门又陆续出台了大量的群

[1] 张瑞林，王晓芳，王先亮．我国全民健身公共服务体系动力机制建设［J］．上海体育学院学报，2013，37（1）：19-22.

众体育政策法规，对全民健身运动起到了不可忽视的推动作用。但总体来看，现存的、与全民健身相关的政策法规存在三方面的不足。一是政策阻滞现象严重。我国颁布的许多政策法规从文本内容来看确实具有实际意义和促进作用，但在地方执行实践中却由于种种主客观原因难以执行。二是政策自上而下执行得多，但优惠、鼓励、扶持政策少。在全民健身公共服务供给主体多元化的趋势下，缺乏鼓励优惠扶持政策，社会力量参与的积极性必然降低或难以持久，也就难以形成政府、市场、非营利组织共同供给全民健身公共服务的新局面。三是地方政策操作性差，缺乏地方特色，与中央文件区别不大。地方政策的制定应根据国家政策的要求和导向，制定适合本地区的、操作性强的具体实施办法，但现有的地方全民健身政策却难以体现实效性。

针对我国全民健身政策存在的不足，可以从以下方面入手：一是加强地方现有全民健身政策的可操作性，提高政府的政策执行力；二是制定提高全民健身公共服务供给效率的优惠鼓励措施。主要包括：①金融政策，如向中小型营利性体育健身场所提供低息或无息贷款以扶持其有效运营。②税收政策，如对面向大众的营利性体育健身场所，免征或少征营业税等。③财政政策，如对开发废弃土地用于体育健身经营的民营企业，少收或免收土地出让金等；对面向大众经营的健身场所的水、电、气能源收费，按工业或民用价格收取等。④支持政策，如改变“一区一社”的非营利体育组织准入制度，增加非营利组织的竞争性；制定健身指导员志愿者鼓励政策、管理制度等。

二、融资导向机制

全民健身公共服务供给最大的问题是经费不足，主要是全民健身基础设施建设资金和全民健身日常活动经费不足。在全民健身公共服务供给主体多元化发展的趋势下，私人经营主体和非营利组织的加入与增长无疑具有重要的作用。而调动私人经营主体和非营利组织的积极性则需建立有吸引力的融资机制。全民健身公共服务基础设施建设事关整个城市的人文环境和形象，因此需要统一规划和设计，将全民健身场所与城市规划有机融合，使二者相得益彰。相对成熟的全民健身基础设施的融资模式包括两类：一是政府先行投入主体建设，打造良好投资环境，吸引社会投资，从而反哺财政收入；二是财政不投入，出台优惠政策吸引社会力量融资。

全民健身日常活动的开展主要依赖于非营利体育组织和市场。非营利组织不以营利为目的，为群众提供免费或象征性收费的健身活动设施服务。私人经

营主体则提供营利性的高端健身服务消费和普通健身服务消费，满足群众的个性化健身需求。作为具有正外溢性、利润较低的普通消费营利性健身场所，政府可协同金融界和有潜力的民间投资者为其提供资助，通过奖励投资、成立风险基金、提供贷款等方式为健身场所提供投融资支持。对于高端消费营利性健身场所，政府可增加特种附加税的征收。对于非营利组织开展全民健身活动所需的经费，除了需要动用组织资源积极自筹经费外，政府可以依据其日常开展情况进行财政直接补贴或间接补贴，如提供免费场地等，为鼓励企业赞助非营利组织，政府还可采用“陪同资助”的方式促进非营利组织活动的开展。

三、市场运作机制

在全民健身公共服务供给过程中，想要提高供给效率自然要解决全民健身日常活动的有效供给问题。依据新公共管理理论，政府应该“减肥”，把不该由政府参与的社会事务和职能，或政府不该管以及管不好的事务交还给市场和社会，缩小政府的活动范围和职能范围。例如，政府可以采用合同承包的方式向私营企业和社会中介组织进行全民健身公共项目招标，投标人中标之后与政府部门签订合同，前者根据合同的要求和标准完成规定任务，后者则支付相应的报酬。这种方式在许多公共服务领域已实践应用并被证明了其应有的价值，但目前我国全民健身公共服务供给方式依然以政府提供为主。个别发达地区虽然采用了市场化手段，但仍然停留在“体制内循环”阶段，不能真正形成公平、公开的竞争机制，不能真正体现公民需求，也无法达到预期目标。

公众是公共服务的消费者，他们理应对公共服务拥有直接的选择权，这样才能控制和影响公共服务安排者与生产者。若公众没有消费者的选择权就没有所谓的市场机制，也难以激发供给者的竞争心理，也就难以改善供给者对公众负责的态度，并激发供给者的革新；只有给予公众选择的权利，才能满足公众的多元偏好。因此，对于全民健身日常供给可采用凭单制的市场运作模式，健身者可以“用脚投票”，提高日常健身供给的效率。

有资格接受凭单的个体在政府指定的公共服务供给组织中“消费”他们手中的凭单，然后政府用现金兑换各组织接受的凭单。凭单消费最大的目的是削弱职业性利益集团对消费者的控制，政府补助的是真正需要服务的公民个体或群体，而不是供给服务的组织。应用在全民健身日常供给中的做法是：政府确定消费群体；政府审定供给者（限于非营利体育组织）；发放凭单；使用凭单；收取凭单；兑换凭单（现金或物品）；监督反馈。

四、宣传推广机制

全民健身宣传机制是与全民健身宣传相关的因素按一定的方式相互作用、实现宣传工作有效运行的模式或系统。它主要由宣传主体、宣传客体、宣传媒介、宣传制度、宣传反馈构成，需要各个部分和谐有效地运行，实现全民健身理念的传播。

1. 全民健身宣传机制存在的问题

（1）活动类宣传效果有限

为落实全民健身政策，全国各级体育部门策划了各种大型全民健身活动，希望在推进全民健身的同时能独树一帜、扩大影响来展现工作的成绩。但看起来红火的全民健身运动的影响力却不尽如人意，不仅体育直播和电视报道少，网络搜索以及事后影响的报道也是少之又少。某省一位体育官员表示，一年到头劳心费力忙活的各类各级比赛实际上都是瞎忙，没产生太大价值。政府举办大型赛事无疑可以起到全民健身宣传的作用，但一味贪大求新、巨资投入、追求轰动效应的做法显然与全民健身的本意相去甚远，这样不但损失了本来就投入很少的全民健身经费，也与我国群众体育的发展目标相左。

（2）全民健身日常信息供给不畅

我国经济的快速增长决定了全民健身需求的增长和多元化。人们除了希望在相关媒体上看到全民健身政策的发布、全民健身活动的报道、健身知识的传播外，更需要日常健身信息的不断更新以便就近参加健身活动。例如，生活区附近体育协会的具体健身时间、人群特征、活动场地、指导员信息、进入门槛等。但浏览全国各省市群众体育相关网页，像济南全民健身中心那样及时给市民提供详细的场地、健身课程信息以及电话预定的网络服务机构少之又少，更多的是活动报道和成绩宣传，缺乏大众实际需要的内容。

（3）社会体育指导员培训实效性差

国家各级群众体育管理部门花费大量时间、精力、财力、人力定期举办各级公益社会体育指导员培训班来改善当前国民健身指导不足的局面。但培训时间短、实践性差、学员体育基础知识薄弱、地方传统体育项目少等问题使培训效果难以保证。虽然培训人数逐年激增，但指导能力却没有明显提高。而国外社会指导员的管理、培训内容以及资格认定都与我国大不相同。以美国为例，社会体育指导员主要由美国医学学会（ACSM）、全美体育教练员联合会

（NATA）、美国体力调整协会（NSCA）、国家体育舞蹈联合会（IDET）四个部门管理[1]。不同管理部门认定的社会体育指导员类别不同，培训内容也不同，针对性和实践性很强。我国也可以借鉴类似的培训方式将培训任务纳入各个体育协会，这可以使学员在短时间内对一项运动技能有一个较为全面的了解，便于日后有能力从事该项运动技能的指导工作。

（4）体育非营利组织宣传力度较弱

与政府全民健身宣传的强大攻势相比，真正贴近百姓健身需求的各类体育非营利组织却由于资金不足、人力不足、宣传意识不强、组织机构不健全等主客观因素处于无声无息的状态。这些基层全民健身公共服务组织缺乏有效的宣传导致组织生存困难，难以吸引志愿者、形成科学指导、筹措基本的资金，完全是以个别组织者的爱好和奉献或政府资助来维持。志愿指导者（多是退休人员）也常常因各种主客观因素而无法持续指导，给坚持锻炼的健身人群带来不便和遗憾。

2. 全民健身宣传机制的完善策略

（1）促进全民健身宣传主体多元化

全民健身大型宣传活动几乎由政府相关部门垄断，财政成本增加的同时从制度安排上抑制甚至禁止社会组织或市场兴办的可能性，影响了全民健身公共服务社会供给的效益。国家行政部门提供全民健身公共服务理所应当，但提供方式和供给范围应尽可能市场化、社会化。一些公共产品，如全民健身的相关政策、制度以及全民健身事业的相关信息等都应该由各级体育行政部门提供，但诸如全民健身赛事、大型全民健身推广活动、社会体育指导员培训等准全民健身产品，体育行政部门完全可以通过营利性健身企业或体育非营利组织来提供。这不仅能节约成本，还可以使政府工作人员从繁重的组织策划等具体工作中脱离出来，进行及时的监督和指导。营利性健身企业虽以营利为目的，但其产生的社会正外部性不可忽视，它既可以提高活动质量，使活动开展得更加专业，又能向社会宣传自身的服务品牌。

体育非营利组织供给能够最大程度体现大众实际需求，应改变体育非营利组织习惯依靠政府的思维定势，让他们通过承接全民健身宣传培训活动提高自身的组织管理能力、营销运作能力，逐步实现独立自主。

---

[1] 张永龙，赵先卿．中美两国社会体育指导员管理体制之比较［J］．体育科研，2008（1）：73-77.

(2) 加强体育非营利组织宣传、营销意识

体育非营利组织要想生存和发展必须完善自我运行机制。而要长效运行必然需要一定的资金支持。资金来源无非两种途径：争取政府公共项目和社会捐助，而这两种途径都需组织的游说和宣传，即营销。但多数体育非营利组织管理人员潜意识认为组织不以营利为目的就没有必要或不应该进行营销宣传。因此，体育非营利组织要体现自身的社会价值、进行营销宣传。让更多人了解和受益就必须变革思路和运作方式，将营利组织的营销理念和模式纳入组织的运行管理中。

(3) 充分利用新媒体

随着互联网的普及，移动终端进入人们的生活，基于互联网平台的体育新媒体被越来越多的消费者认可。可以说，利用新媒体进行全民健身宣传的方式已经势不可挡。

五、管理创新机制

我国现行的群众体育管理系统分为政府管理系统和社会管理系统。政府管理系统由政府专门管理，即国家体育总局群体司，省、自治区、直辖市、地(市)、县主管群众体育工作的部门和政府非专门管理系统，即政府其他各部下属的体育机构组成。社会管理系统由体育社会组织，即中华全国体育总会及下属的单项运动协会、行业体育协会、各种人群体育协会和其他社会组织，如工会、共青团等下设的体育机构组成，并受政府直接或间接的管理。在实际工作中，中华全国体育总会及其下属的各种运动协会实际上已是名存实亡，政府管理系统统管所有群众体育活动。该类型的管理体制很难适应当前公共服务供给市场化趋势。政府的大包大揽不仅效率低下，而且抑制了社会团体参与的积极性和社会团体运营的独立性，造成社会组织的萎缩，使全民健身工作裹足不前。因此，改革群众体育管理体制，改变社会组织与政府的隶属关系，建立保障政府与非营利组织保持合作伙伴关系的管理体制势在必行。

“一臂之距”是英国人首创的一种文化管理模式，是指政府不直接管理文化艺术机构或企业，而是在政府和艺术机构（企业）之间设立某种中介机构，由这类机构负责向政府提供文化政策建议和咨询；同时又接受政府委托，决定对被资助文化项目的财政拨款，并对拨款使用效果进行监督评估。“一臂之距”主要体现了水平分权的管理格局，政府的文化部门很少直接干预文化产

业各个公司和组织的运作，而是通过建立一系列非政府组织，由一些中立的专家为政府提供指导意见和负责文化经费的具体划拨，监管主要依靠各种行业委员会。“一臂之距”管理模式可以充分实现政府职能转变，达到“管办分离”的效果；能有效防止权力寻租和偏见；能够为筹融资建立更广泛的通道。我国全民健身公共服务供给在政策导向和客观环境两方面都具备建立“一臂之距”模式管理体制的条件。该体制的建立可以激发社会力量参与全民健身供给的积极性与竞争性，可以提高政府资源配置效率，对于形成政府、企业、非营利组织合作提供全民健身公共服务具有重要的现实意义。

六、绩效管理机制

现阶段评估我国政府全民健身公共服务绩效的模式主要有两类。一是通过各种类型的体质测试系统监测国民体质改善状况，从而评价全民健身公共服务工作的成效。二是制定全民健身工作开展的量化指标体系，来考量全民健身工作绩效。指标体系包括体育人口比例指标、制度指标、经费投入指标、场地设施指标、体育项目指标、宣传指标、指导员培训指标、体育活动效果指标等。上述两种定量的评价方法虽在一定程度上可以评估全民健身工作的成效，但不足也是显而易见的，单一量化的指标不能全面系统地评价政府绩效。这种考核主要体现下级政府对上级政府下达任务的完成情况，只是大量指标的简单累加，更多关注于事后的评价和监控，而对日常目标的管理很少涉及，很难实现政府持续改进、持续优化的功能。而且这种评估模式以上级或内部评估为主，没有体现公众满意度，也易造成政府绩效的短期行为和“政绩工程”，更无从体现全民健身的战略目标。因此，必须建立能够将全民健身绩效管理与全民健身战略使命紧密结合起来的绩效管理体系。

此外，平衡计分卡注重各个方面的平衡，可以用清晰化的逻辑和具体指标将使命和战略加以明确，并在此基础上转化为具体的行为；可以协助政府机构了解公共服务等各方面的业绩，通过绩效管理体系的设计，真正地将公共部门的使命和目标落实为具体的行动。将平衡计分卡运用于全民健身公共服务绩效管理，可以客观评价和促进政府公共服务的绩效水平。

第二节 新时代全民健身公共服务发展规划

一、全民健身公共服务发展规划的内涵

规划是谋划、筹划的意思，一般指比较全面或较长远的计划。可见，规划是计划的一种，规划与计划相似，但又存在差异。规划侧重于对事物的谋划、筹划，提出事物发展的目标、保障措施、实施步骤等内容，并不关注具体实施的方法、内容。而计划是对未来工作的安排部署，重点关注具体问题，比如做什么、由谁做、怎么做等。由此可见，规划更侧重于管理，计划更关注实施。

当前，对于全民健身公共服务发展规划的探究尚处于起步阶段，并没有明确的、对其展开讨论的现存文献资料。然而，通过其他领域对此类问题的探讨，我们也能对全民健身公共服务发展规划的内涵做出尝试性探索。其他领域对相关规划含义的探讨大体可以划分为两类。一是把相关规划定义为围绕规划主体发展目标而设计的促进规划主体发展的综合性方案；二是认为相关规划不仅是促进规划主体发展的方案，更是对规划主体管理方式的改变，是筹划或设计规划主体发展的活动或过程。前者注重静态的规划，等同于把相关规划形成一种文本；后者则不仅把相关规划单纯看作规划文本，而且也把相关规划看成一种管理方式，注重静态文本与动态管理的结合。应该说，第二类对规划的理解更符合规划的本质属性。因为“静态文本”的构成相对简单，对未来发展进行设想，促进设想的实现。然而这种“设想”由理论变成现实却不容易。事物的发展会面对纷繁复杂的现实状况，这种“静态一次性文本”在促进规划主体发展中发挥的作用也会受到影响；而第二类对规划的理解在促进规划主体发展方面则更能发挥较好的作用，通过对规划主体的活动和过程的管理，不断完善和修改促进规划主体发展的策略，进而改变管理结构，促进规划主体目标的实现。

因此，全民健身公共服务发展规划既是一种全民健身公共服务管理方式的创新，又是政府部门联合社会各界成员制定和实施全民健身公共服务发展综合性方案的过程；是为全民健身公共服务的发展提供支撑，并不断探索适合全民健身公共服务发展的策略，为不断提高全民健身公共服务质量而进行的管理

活动。

二、全民健身公共服务发展规划的特征

（一）全新的管理理念

一般而言，人们把发展规划理解为规划文本的制定、实施。规划文本并不涉及对规划主体管理理念、管理方式的更新，并不牵扯到管理技术的应用和实施过程。而全民健身公共服务发展规划强调的是一种活动、一个过程，注重管理方式方法的更新，注重责任分享，注重优先完成等级靠前、有实现可能的重点项目，注重在实践活动过程中对规划内容的不断改进与完善等。促使人们对全民健身公共服务发展规划有全面的认识，领悟其全新的含义，进而促进人们对全民健身公共服务管理的深入思考，关注全民健身公共服务管理层面的转变与调整。通过全民健身公共服务的实践与体验，客观、理性地对全民健身公共服务的发展进行分析，在此基础上确定未来一段时间内全民健身公共服务的发展策略、目标定位、内容构成、保障措施等，真正促进全民健身公共服务的发展。

（二）系统的管理方式

随着时代的发展，全民健身公共服务的管理方式得以丰富，除了诸如角色管理、目标管理之类的传统管理方式外，还创新了管理方式，比如绩效管理、信息管理等。但目前的全民健身公共服务管理方式仍然具有一定的弊端，再加上全民健身公共服务具有综合性特征，即使管理方式得以创新，也无法完全满足全民健身的需求。在过去，人们重点关注的是全民健身公共服务发展的目标与过程，但将全面健身公共服务发展规划当作系统性管理方式，不仅能够将传统管理方式的主要内容加以概括，而且有助于从长远角度管理全民健身公共服务，在综合考虑管理方式的效果以及合理性的基础上确立最恰当的全民健身公共服务管理方式。

（三）连续的行动过程

全民健身公共服务发展规划不仅针对全民健身公共服务提出相应的发展目标或设想，或者勾勒出一幅全民健身公共服务事业发展的宏伟蓝图，而且借助全民健身公共服务发展规划的制定、实施、评价等一系列活动的开展与完成，引导社会各界广泛参与，形成发展合力，不断改进全民健身公共服务的数量和质量，改善全民健身公共服务的管理、实施、运行等工作，并在长期持续不断地开展全民健身公共服务过程中，调动社会上各种积极因素，逐步丰富全民健身公共服务的可利用资源，充分发挥各种资源的潜能，努力地将全民健身公共服务事业的发展目标由理想转变为现实。

（四）民主的实现形式

尽管全民健身公共服务发展规划承认政府意志必不可少，但是也要重视社会各阶层人士及社会组织的发展意识，重视社会民众的真正参与。通过构建完善的沟通表达机制发扬社会民主、广泛吸收相关利益群体的建议，以此来指导全民健身公共服务发展规划的设计、编制、实施，协调不同利益群体间的关系，由此获得广泛的社会认同，促进全民健身公共服务事业的发展。

三、全民健身公共服务发展规划的意义

1. 实现不同利益主体、系统间沟通与合作的客观依据

各地政府在全民健身公共服务体系建设领域的探索，因缺乏国家和地方层面的实施方案出现了不少问题和困难，各级政府的各个职能部门在全民健身公共服务体系建设的实践活动中也十分迷茫。因此，必须结合我国当前的客观实际及群众的需求制订我国全民健身公共服务体系实施方案。通过制定发展规划的方式使我国全民健身公共服务体系建设在城市和农村之间，在经济社会发展水平不同的地区，在不同层级政府之间都能有据可依、各有侧重，从而最大限度地获得其他职能部门的协助和配合。

2. 提升体育地位、实现跨领域合作的有效途径

经济社会发展转型要求体育事业与医疗卫生、科教文化、社会福利、城市建设、旅游休闲等相关领域全面对接。全民健身公共服务规划正是将体育福利、体育生活、体育权益纳入“人的全面发展”中，坚持“体育也是民生”的理念，和其他社会公共部门共同维护了社会和谐稳定，保障和改善了民生，提高了人民的生活质量。

3. 拓展发展理念，实现共建共享的重要举措

纵观全民健身公共服务发展规划，其重点研究我国体育可持续发展模式，同时构建与现代体育相符的服务生存理念，着力建设全民健身公共服务体系，关注焦点，在整合资源的基础上优化资源，合理实施资源配置，努力实现共

赢。对于经济发展来说，体育发挥着多种功效，将体育与多个领域相融，比如，竞技体育、全民健身、健康、休闲旅游等，推动其共同发展，促进社会建设发展。

4. 把握发展机遇、改革发展方式的现实需要

经过全体人民的多年努力，我国全民健身公共服务事业有了长足的发展，尤其是近年来，不仅在数量上得到了极大的丰富，而且在质量上也得到了大幅度提升。但这并不意味着我国全民健身公共服务领域不存在任何问题，就目前而言，其主要存在覆盖面不够广泛、政府提供的公共服务不够丰富、体育场地设施不齐全、健身不科学等，始终无法完全满足广大人民群众的切实需求。从这方面看，要想突破全民健身公共服务发展的瓶颈期，就需要从方式方法入手，不断创新方式方法。正如我们所知，事物的顺利发展离不开规划的指导。因此，可以利用全民健身公共服务规划，了解全民健身公共服务发展的基本情况，并对其优点以及缺点进行分析总结，同时据此确立全民健身公共服务事业发展的短期目标。由此可见，全民健身公共服务发展规划推动了全民健身事业的持续发展，为政府开展全民健身事业提供了支持、指引了方向，有利于全民健身公共服务实现跨越式发展。

四、全民健身公共服务发展规划的重点

第一，规划设计应为地方全民健身公共服务工作的视野转变提供清晰的目标指向。以往在实际工作中，全民健身公共服务的视野多数局限于群众体育领域，很少涉及竞技体育、体育产业和青少年体育领域。事实上以上这些领域都分担着全民健身产品和服务的供给职能，它们均属于全民健身公共服务体系不可割裂的重要组成部分。还有一些地方政府领导由于缺乏全民健身公共服务的全面规划意识，把全民健身公共服务规划简单理解为场地、设施的规划与建设，忽视了体育无形产品和服务提供的品质、功能、结构、均等化和多元化等要素。结果往往是场地设施等硬件齐备之后，某一年龄段的大众依旧不满意，认为这些体育健身设施根本不适合他们；还有的大众未养成锻炼的习惯，不知如何健身才是最适合自己的，甚至从未尝试使用过相关的体育健身场地设施。这正体现了“传统政府公共服务的一个主要特征，就是以行政计划代替公众意愿，以精英设计代替公众参与，忽视公众的需求和偏好”❶。今后的规划设

❶ 沈荣华．提高政府公共服务能力的思路选择［J］．中国行政管理，2004（1）：29-32.

计不仅要继续加强全民健身基础设施建设，也要注意需求差异化的满足和服务供给，更要注意普及健身常识和完善全民健身公共服务网络，做到全民健身公共服务职能的全覆盖，使大众享有更多、更好的多元化基本全民健身公共服务。

第二，问题响应机制应该在规划设计中体现，这不仅能够加强国家与地方的沟通与交流，还能推进政府与行业的合作。事实上，在过去由于问题响应机制不够灵活，导致国家与地方、政府与各行业不能及时进行沟通而出现了各种问题，甚至使各级政府部门出现不知所措的情况，无法全面建设全民健身公共服务体系。当出现类似的情况时，因为响应机制不灵敏而无法及时反馈问题，此时要么强硬执行，要么禁止，这很难保障规划的科学性。另外，规划一旦确定，便要间隔五年时间才能重新制定。从这方面看，在设计规划时，一方面，需要为各相关利益主体提供丰富的沟通与交流的渠道，另一方面，应该能够满足各个主体的利益诉求。切实推动体育健身系统的发展。

第三，为了与体育民生优先发展的理念相符，规划设计既可以与社会经济发展规划同步，也可以适当超前。经济社会发展为体育民生提供必要的保障，与体育相似，体育民生同样是关系到长远利益的计划，有必要在遵循适度原则的基础上超前发展。近年来，人们越来越关注个人健康，全民健身公共服务规划应当遵循健康第一的原则，发挥体育运动促进健康的功能，遵循体育民生理念，将体育运动融入人们的日常生活中，进而推动人与社会和谐发展。从内涵上看，当前体育民生实际上就是指物质与精神的高度统一。全民健身公共服务规划应当依据“民生优先、缓急有序”的原则，在我国中西部地区、贫穷地区、农村等大力推动全民健身公共服务建设，尽可能实现城乡公共服务体系均衡发展，同时重点创新体育发展方式，从我国具体国情出发，构建全方位、多领域的全民健身公共服务体系，使全国各地的人民都能够平等地享受健身公共服务，真正推动体育事业发展，促进社会和谐稳定发展。

第四，体育健身可持续发展理念应该在规划设计中得以拓展，“大体育”理念也应当融入规划设计中。这对实现全民健身公共服务共建共享具有重要意义，还有助于解决人权、教育、卫生福利、健康等公共问题。为了符合现代发展理念，规划设计应当深入探索体育健身的发展模式。体育具有健身功效，为了切实发挥体育的健身作用，进而推动社会经济发展，应当将体育与休闲旅游、健康、全民健身等联系在一起，共同推动社会发展建设。就目前而言，我国经济社会正处于转型时期，这就要求体育事业需要与其他领域加强联系，比

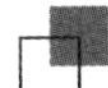

如，旅游休闲、社会福利、科教文化、医疗卫生等领域。事实上，凡是隶属于社会管理的各部门之间都应该也必须互相调节，为了切实增强公共服务水平，各部门之间应当相互配合，制定各种恰当的政策，合理配置公共资源，以获得最大社会利益❶。基于"大体育"概念，全民健身公共服务规划应当大力构建恰当的环境氛围，同时借助基层体育主管部门与各类公共管理部门联合办公的便利性，整合全民健身公共服务资源，创新全民健身公共服务发展的形式，挖掘共赢的渠道。❷

第五，国家与地方政府通常会为全民健身公共服务体系的建设提供财政支持，当然资金的多少需要根据规划设计中的相关绩效评估来确定。因此，规划探究需要认真制定阶段性目标。就目前实际情况来看，体育健身相关专项规划在引导体育事业发展的同时也存在着种种弊端。最常见的问题有不够规范、不科学、没有足够的理论作为支撑等。部分规划设计由于没有具体的技术标准作为依托，而出现了无法按时完成实践活动的情况。从这方面看，在制定发展规划时应该以实现全民健身的目标为基础，同时考虑体育强国的目标，从宏观、中观、微观等多方面入手，完善现存的体育健身专项计划。❸ 另外，国外已经在全民健身公共服务领域取得了一些成就，我国可以以此为鉴，汲取国外公共服务规划建设的经验，充分利用各种技术，引导各类组织或团体顺利介入全民健身公共服务，使财政资金得到更好的利用。

第三节　新时代全民健身公共服务未来发展展望

一、将理论研究和实践有效地结合起来

我国关于全民健身公共服务体系建设的理论研究是较为薄弱的，实现理论研究的创新并为实践工作提供应有的帮助是改变现阶段体系建设困境的有效方式。

---

❶ 杜创国．政府职能转变论纲［M］．北京：中央编译出版社，2008：167.

❷ 戴健，郑家鲲，张晓龙．国家公共体育服务发展规划设计的若干思考［J］．上海体育学院学报，2014（3）：1-6.

❸ 戴健，郑家鲲．我国公共体育服务体系研究述评［J］．上海体育学院学报，2013（1）：1-8.

首先，要对政府出台的有关全民健身公共服务体系建设的政策进行研究，从而保证政策的实施切实符合全面健身体系建设工作的需要。

其次，提高科技创新能力，制定有效的全民健身公共服务体系建设的科技投入评价制度，根据当前实际工作的需要来创造具有实用性的科研成果，提高科研成果的转化率。

最后，各级政府要加大对全民健身公共服务体系科技创新的支持，为科研活动的开展提供良好的环境。

二、实现全民健身公共服务体系的城乡覆盖

近年来，国家对覆盖城乡的全民健身公共服务体系的研究从未间断，中央明确了青少年和儿童为重点培养对象，并以学校为基本健身场所。但是青少年和儿童的身体素质和健康情况并未达到预期水准；乡镇的全民健身公共服务体系的建设工作有其核心地位，但农村体育健身活动的开展情况却差强人意。因此，未来我国的全民健身公共服务资源的供给工作应更细致和完善，提高民众共享的全民健身设施使用效率，将全民健身活动体系的建设提上“议事日程”。其未来发展展望是：

（1）参加体育运动的人数增长。

（2）城乡居民的整体素质提升。

（3）对体育健身设施的建设工作稳步进行。

（4）全民健身活动形式更加多样化。

（5）全面扩充全民健身指导和志愿者队伍。

（6）全民健身机构的体制更加完善。

（7）科学健身、全民健身得到普及。

上述7点要求全民健身公共服务体系的建设工作应覆盖城市、农村和乡镇，具体要求是：

（1）对构建全民健身公共服务体系的供应系统、城市全民健身公共服务分享制度、农村全民健身公共服务系统的分享体制及全民健身公共服务监督系统等进行完善。

（2）健全全民健身公共服务体系的支撑和保证系统。

（3）注重全民健身公共服务体系质量评估系统及其运用系统的完善。

（4）国家策略支持应一步到位。

（5）国家对全民健身公共服务体系的构建应体现公平性、公开性和公

益性。

三、完善全民健身公共服务制度

1. 坚持以人为本，构建和完善公众全民健身公共服务的需求表达及意见反馈机制

“以人为本”是我国社会主义事业建设的价值取向。所谓“以人为本”就是要尊重人、理解人、关心人，要把不断满足人的全面需求，促进人的全面发展作为根本出发点。从“以人为本”的角度来看，全民健身公共服务的相关建设还存在诸多不足，突出表现在公众对其建设的满意度不高，公众多元化的健身需求不能得到满足等方面。因此，全民健身公共服务在未来发展的过程中首要解决的问题就是构建和完善一套能够反映公众全民健身公共服务需求、意见及评估，能够流畅运行的需求反映机制。通过机制建设一方面能够使公众所需、所想与政府所建、所行相一致；另一方面能够保障公众全民健身需求表达、决策参与等权利的实现，并增强全民健身公共服务的社会效益。

2. 深化治理革新，建立和完善全民健身公共服务治理结构

要想切实建设全民健身公共服务管理体系，就应该转变政府部门的管理特征和管理模式，由封闭性、单向性转变为开放性、双向性。为了完善全民健身公共服务管理工作，可以从政府、社区居民、社会组织中选取代表，组成管理委员会，共同管理全民健身公共服务体系。完善全民健身公共服务管理部门，有利于确保全民健身公共服务的纯洁性，使其在保持公益性质的同时提升服务水平。

3. 把握经济形势，创新和变革全民健身公共服务资金投入的方式及渠道

认识新常态、适应新常态、引领新常态的经济发展大逻辑是全民健身公共服务领域资金投入建设的指南针。随着我国经济社会的发展和政府对全民健身公共服务的日益重视，政府对全民健身公共服务领域的资金投入也日益增加。这就需要相关部门根据政府全民健身公共服务资金投入的形势，对相关资金投入的方式方法做出相应改革。相关部门可以依据全民健身公共服务的质量、绩效，建立激励与约束相统一的财政资助制度，使各级财政投入与各类全民健身公共服务机构转换机制与增强活力和改善服务紧密联系起来，从而提高全民健身公共服务的整体水平。

4. 贯彻依法治国，探索与创立全民健身公共服务第三方绩效评估机制

依法治国是我国的基本方略。我国相关体育部门需要充分把握其中所蕴含

的深刻含义，将这一理念彻底融入全面健身领域中。贯彻落实依法治国理念的重要措施之一就是构建第三方评估机制。“自建自评”的监督机制已经不再适应当前全民健身公共服务体系的发展，甚至对其发展起阻碍作用。基于时代的发展，应当将第三方评估机构纳入全民健身公共服务的评估领域，只有具备独立性、专业性的评估机构，才能切实起到公平客观评价全民健身公共服务绩效的作用。因此，有必要大力构建全民健身公共服务监督评估机制，发挥激励功能与约束功能，以增强全民健身公共服务的实效性。

参考文献

[1] 白国庆，刘晓楠．数字经济驱动体育产业高质量发展分析［J］．品牌研究，2023（3）：189-192.

[2] 鲍明晓．数字体育：体育高质量发展的关键引擎［J］．体育科研，2021，42（5）：1-5.

[3] 曹可强．上海市构建更高水平全民健身公共服务体系的回顾与展望［J］．体育科研，2022（4）：1-7.

[4] 曹立．全民健身背景下体育经济发展分析［J］．北方经贸，2022（4）：96-97.

[5] 陈诚．论新时代群众体育发展的新机遇［J］．滁州职业技术学院学报，2020（3）：45-48.

[6] 陈丛刊，陈宁．论我国体育社会组织发展新的历史方位［J］．体育科学，2018，38（9）：78-87.

[7] 陈晓芬．数字体育视域下温州百姓健身房的价值及发展对策［J］．当代体育科技，2022（30）：109-113.

[8] 戴健．公共体育服务体系建设［M］．上海：上海交通大学出版社，2015.

[9] 戴健，郑家鲲，张晓龙．国家公共体育服务发展规划设计的若干思考［J］．上海体育学院学报，2014（3）：1-6.

[10] 邓梦楠，李书娟．数字经济助力体育服务业高质量发展作用机理、现实困境和推进路径［J］．湖北体育科技，2022，41（7）：570-573.

[11] 丁举岩．全民健身视域下群众体育消费观的探索研究［J］．知识经济，2020（1）：64-65.

[12] 董新光．全民健身大视野［M］．北京：北京体育大学出版社，2003.

[13] 杜筱雯．全民健身视域下社会体育指导员的工作意义和作用研究［J］．智富时代，2016（3）：182.

[14] 樊云．全民健身视野下社区公共体育服务体系的构建［J］．内江师范学院学报，2013，28（8）：109-112.

[15] 房斌．全民健身公共服务体系构建的发展路径及对未来发展趋势的探究［J］.体育与科学，2011（5）：44-48.
[16] 高建磊．我国公共体育服务产品的供给体制创新研究［J］．体育科技文献通报，2009（8）：100.
[17] 胡赣萍．我国休闲体育的发展［J］．汽车世界·车辆工程技术，2020（2）：144.
[18] 胡潇潇，冯景兰．论全民健身视角下学校体育与社区体育资源的融合［J］．才智，2014（33）：219.
[19] 黄易，郭南南，王园园．贵州省数字化赋能体育公共服务体系建设的实践探索［J］．体育科技文献通报，2022（12）：122-124.
[20] 金涛．我国公共体育服务发展的历史考察［J］．体育成人教育学刊，2018，34（2）：71-75.
[21] 李广东．全民健身推动健康中国建设的路径研究［J］．当代体育科技，2021（21）：210-212.
[22] 李坚，付玉楠，朱贵林，等．体育锻炼与健康［M］．哈尔滨：哈尔滨地图出版社，2013：99.
[23] 刘豪兴．农村社会学［M］．北京：中国人民大学出版社，2015.
[24] 刘金利．我国城市社区全民健身公共服务体系标准化研究［J］．体育科技文献通报，2017，25（6）：3-5，13.
[25] 卢文云．统筹城乡发展中促进村落体育公共服务发展的策略研究［J］．北京体育大学学报，2018，41（2）：17-24.
[26] 马蕊，贾必成，贾志强．社区全民健身公共服务供给治理研究［J］．体育学研究，2019，2（3）：83-89.
[27] 穆瑞杰．我国公共体育服务体系的多元化建设与实证研究［M］．北京：中国商业出版社，2017.
[28] 牛晶，刘生杰．体育强国视角下山西省全民健身公共服务体系的现状及对策研究［J］．体育科技文献通报，2020（12）：26-28.
[29] 牛丽芬．苏州市全民健身服务体系建设现状问题和路径［J］．当代体育科技，2022（2）：105-108.
[30] 潘丽英．全民健身服务体系构建与运动方法研究［M］．北京：新华出版社，2018.
[31] 彭国华，庞俊鹏．新时代背景下中国农村公共体育服务发展的路径选择［J］．武汉体育学院学报，2019，53（2）：25-32.
[32] 沈荣华．提高政府公共服务能力的思路选择［J］．中国行政管理，2004

(1)：29-32.

［33］孙锋．公共体育服务体系构建与运行研究［M］．长春：吉林人民出版社，2021：99.

［34］孙进军．全民健身背景下体育经济发展分析［J］．中国商论，2019（22）：96-97.

［35］孙丽娜．全民健身与健康中国战略的研究［J］．科学咨询，2023（3）：62-64.

［36］谈艳，陈德旭．服务型政府公共体育服务职能创新的价值取向及结构调整［J］．南京体育学院学报：社会科学版，2017，31（6）：72-76.

［37］田雨普．农民体育发展战略研究［M］．南京：南京师范大学出版社，2009.

［38］王军棉．我国公共体育服务的市场化改革研究［J］．经济研究导刊，2017（15）：30-31.

［39］王祥全，周建．数智驱动公共体育服务精准供给：逻辑、框架与进路［J］．武汉体育学院学报，2023，57（3）：5-12.

［40］吴彰忠，钟亚平，史金田．数智赋能科学训练：内涵逻辑、国际经验与本土实践［J］．体育学研究，2023，37（1）：82-94.

［41］夏青．简析全民健身对学校体育发展的影响［J］．运动，2018（7）：80-81.

［42］肖坤鹏，刘长江．构建更高水平全民健身公共服务体系：内涵、基础与路径［J］．体育文化导刊，2022（12）：59-65.

［43］肖林鹏，李宗浩，杨晓晨，等．论我国公共体育服务的供给困境［J］．山东体育学院学报，2008（8）：1-4.

［44］肖前．公共体育产品非政府供给的可行性与途径［J］．体育学刊，2006（4）：128-130.

［45］谢正阳．全民健身公共服务体系研究来自苏南地区的创新实践［M］．苏州：苏州大学出版社，2018：94-97.

［46］邢晓燕．政策“趋同进化”视域下加拿大政府购买体育社会组织服务的借鉴研究［J］．中国体育科技，2017，53（4）：3-13.

［47］殷宏健．全民健身公共服务体系构建的发展路径及对未来发展趋势分析［J］.文体用品与科技，2014（18）：27-28.

［48］尹文芳．全民健身公共服务体系的构建路径以及未来发展趋势［J］．中国校外教育，2015（10）：21.

［49］余建通．基于“全民健身”背景下竞技体育与我国学校体育融合创新研

究［J］. 绥化学院学报，2019（9）：112-115.

［50］张金发．全民健身对学校体育发展的影响［J］. 环球市场，2018（21）：209.

［51］张可，刘琳．公共体育服务体系分析与科学建设研究［M］. 徐州：中国矿业大学出版社，2018.

［52］张可，刘琳．公共体育服务体系分析与科学建设研究［M］. 徐州：中国矿业大学出版社，2018.

［53］张楠，张然．全民健身战略目标下竞技体育群众化发展困境与解决路径研究［J］. 散文百家，2021（8）：230.

［54］张宁宁．承德市社区全民健身公共服务体系建设路径及发展趋势研究［J］.现代商贸工业，2017，38（30）：33-34.

［55］张瑞林，王晓芳，王先亮．我国全民健身公共服务体系动力机制建设［J］.上海体育学院学报，2013，37（1）：19-22.

［56］张晓敏，李宏弟．全民健身公共服务体系构成与标准化分析［J］. 当代体育科技，2020（14）：197-198.

［57］张永龙．中美两国社会体育指导员管理体制之比较［J］. 体育科研，2008，29（1）：73-77.

［58］赵瑞娟．全民健身视域下群众体育有效开展的路径［J］. 武当，2020（12）：76-77.

［59］周冬，贾文彤，齐文华，等．体育公共服务监管问题研究［J］. 河北体育学院学报，2012，26（2）：5-9.

［60］朱佳滨，李松梅，王学如．城市社区社会体育指导员发展构想［J］. 成人教育，2019，39（4）：85-88.